Julio Cortázar & Cris

科塔萨尔：我们共同的国度

[乌拉圭] 克里斯蒂娜·佩里·罗西 —— 著

黄韵颐 —— 译

漓江出版社·桂林

se le puede corregir, a uno mayor, no
buenas ideas hay en los escritores menores
...era mortal, y prefería recordarlo vivo, enteramente joven (bromeábamos, a veces, sobre su aspecto juvenil, como Dorian Gray.
...ntos fracasos aprovechables; a u
...emos tanto a Julio
fui al entierro de Julio Cortázar. No estoy en la foto. E
...convencido), sano, viajero, a veces un poco melancólico (la literatura es c...
de Julio Cortázar. No est
No fui al ent...
...no. Queremos tanto a Julio. No fui al ent...
...e melancólicos: hice esa anota... en una servilleta en la cafetería La Puñalada, de Barcelon
...épito y asqueroso, decías, sonrien...
...tes. Aborrezco la muerte y los ritos funerarios. Había otr
...corregir, a uno m...
Cuántas veces, Julio, habíamos recordado juntos aquellos versos de César Vallejo: Me moriré en París c...
...era mortal, y prefería recordarlo vivo, enteramente joven (brom...mos, a veces, sobre su aspecto juvenil, como Dorian Gray. Sólo que yo no me voy a despertar un día convertido en un anciano...
...que yo no me voy a despertar un día convertido en un anci... decrép...
...ero, un día del cual tengo ya el recuerdo. No qui...
...llos versos de Cés...llejo: Me moriré en París con aguacero, un día del cual tengo ya el recuerdo. No quise compartir la dudosa c...
...orero de 1...
...Aborrezco la muerte y los ritos...
...vientes.
...numerosas fotos que se hicieron después de su muerte, una lluviosa mañana de febrero de 1984. Cuántas veces,
...Me moriré en París con ag...
...de Julio Cortázar. No estoy en la foto.
...o quise compartir la dudosa complicidad de los precariamente vivos, de los su...
...aquellos versos de César V...
...juntos aquellos versos de César V... recordado juntos aquellos versos...
...Cuántas veces, Julio, habíamos recordado juntos...
...ezco la muerte y l...
...ecariamente vivos, de los supervivientes.
...asqueroso, decías, sonriente y conven...
...rtir la dudosa complicidad de los prec...
...mañana de febrero de...
...mente vivos
...licidad de...

oy en la foto. En las numerosas fotos que se hicieron

lona?Me gusta

a razón profunda: me negaba a aceptar que Ju

de la tarde de otoño, en una calle de París o de Barcelona?Me gustan

las seis de la tarde de otoño, en

un poco melancólico a la

Queremos tanto a Julio. No fui al entierro de Julio C

ar. No estoy en la foto. En

numerosas fotos que se hicieron después de su muerte, una llu

Shakespeare, un Cervantes

complicidad de los precaria

a veces un poco melancólico (la literatura e

y convencido), sano, viajero, a veces un poco melancólico (la litera

hay en los escritores menores

pito y asqueroso, decías, sonriente y convencido), sano, viajero, a veces un poco melancó

inspiran: están ahí, perfectos, sólo se les puede admirar. En cambio, cuántas buenas

ra mortal, y prefería recordarlo vivo, enteramente joven (

cólicos: hice esa anotación en una servilleta en la cafeter

puñalada, de Barcelona. Respondió, de

ceptar que Ju

目录

第一部分

胡里奥·科塔萨尔，大克罗诺皮奥[1]

[1] 科塔萨尔在《克罗诺皮奥与法玛的故事》中创造了“克罗诺皮奥”这个形象（富恩特斯说，克罗诺皮奥是“自大、僵化和浮名的敌人”），该书问世后，全世界热爱科塔萨尔的读者开始自称“克罗诺皮奥”，并尊称科塔萨尔为“大克罗诺皮奥”。

我们如此热爱胡里奥

我没出席胡里奥·科塔萨尔的葬礼。我不在那照片里。我不在他过世后他们拍摄的那些照片里，1984年2月那个多雨的早晨，我不在那里。（有多少次啊，胡里奥，我们曾多少次一起背诵塞萨尔·巴列霍的诗句："我将死在巴黎，那日大雨倾盆，我现在就能记起。"）那些艰难过活的人，幸存的人，或许我没法，也不想跟他们凑到一块。我厌恶死亡，也厌恶葬礼。还有个重要原因：我不肯相信胡里奥会死，宁愿记着他活着的样子，永远年轻（从前我们偶尔开玩笑，说他那青春容貌简直像道连·格雷。"我只是不想有天醒来，发现自己变成个糟老头。"那时你这么说，面带笑意，信心满满），永远健康，热衷旅行，有点忧郁（"文学属于忧郁者。"在巴塞罗那的刀刺咖啡馆，我拿一张餐巾纸写下这行字。他把餐巾纸还给我，回了我这么一句："在秋天的下午六点钟，走在巴黎、巴塞罗那、布宜诺斯艾利斯或者蒙得维的亚的街道上，谁不会感到有些忧郁呢？"），还总喜欢游戏。流亡之后我已习惯去接受远方亲友的死讯，有时是一通很短的电话，有时是一封看似无关紧要的信，里边忽然提到一则讣告。但从几个月前起，我就确信一件事：我不想看见死去的胡里奥，躺在一口棺材里。我不想让这不合时宜的回忆打断我们内心的对话。有时我们相距遥远，就用内心交流。“爱是个语言问题。”1974 年我第二次流亡，客居巴黎时写过这么一句。假如拉康会读年轻拉美女作家的作品，他恐怕会很喜欢这句话。我没读过他的著作，后来倒是引用过他的话，不过也只引了一部分。就算是我们的敌人，有时也能道出真相。据称弗朗西斯科 · 佛朗哥大元帅曾说过：“不铭记历史，就注定重蹈覆辙。”他可能到死都不知道，这正是他恨之入骨的卡尔 · 马克思说过的话。我们总是与敌人有相似之处。胡里奥 · 科塔萨尔说过：“有时受害者隐晦地选择了加害人。”胡里奥，要是你在日报上读到那则新闻，肯定不会惊奇。一个美国女人通过网络色情服务请求一名男子在性爱中杀死她，最终得偿所愿。也许我们又会想起玛格丽特 · 杜拉斯，想起她那部小说 ——《琴声如诉》。将《琴声如诉》搬上银幕的那位导演，彼得 · 布鲁克，我俩都很喜欢，电影评论家却不大看得上。我们想起这部电影，因为玛格丽特撰写了出彩的剧本，因为让 - 保罗 · 贝尔蒙多和让娜 · 莫罗两位影星饰演主角，也因为影片中关键的乐曲《裸体歌舞》，出自我们最爱的作曲家埃里克 · 萨蒂之手。假如你在日报上读到那则新闻 —— 你爱读报爱到像成了瘾 —— 一个美国女人通过网络色情服务请求一名男子在性爱中将她折磨至死，你会心照不宣地看向我，对我说：“你来写这故事吧。”因为故事总有归属，总有某个收件人，故事和现实混为一体。你曾经说过：“谁也不知道现实在哪里终结，幻想又从哪里开始。”你总喜欢在你的小说里越过界限，跨过分野。“但在生活中可得小心，”你说，“否则最后会变成提托·蒙特罗索[1]那样。”“提托·蒙特罗索怎么了？”某个读者，某个天真的粉丝可能会这么问。于是胡里奥会一本正经地回答：“提托最后写出个谁也搞不懂的故事：‘醒来时，那头恐龙还在那里。’我是头一个搞不懂的人。”那个读者，那个天真的粉丝，弄不清胡里奥是在笑话提托，笑话自己，还是在笑话恐龙。况且，恐龙可是科塔萨尔最爱的动物——不用多说，也是我的最爱。我俩恰好有这么个共同爱好，叫我们捧腹大笑。我们从天南海北互寄恐龙书籍、恐龙模型、充气恐龙，交换各种恐龙资讯。斯皮尔伯格发掘恐龙题材比我们要晚得多。

我没去胡里奥的葬礼。我不在照片里。我知道——那个二月寒冷多雨的早晨，奥罗拉[2]从巴塞罗那给我打电话，告知我胡里奥的死讯——那时我知道，他和我会以某种方式继续交谈，以待解读的象征与暗号继续通信。（有多少次，我们曾一同提起波德莱尔的名句，“自然是一座神殿”[3]，而人孤身在象征与符号的丛林中解密。）我一直很关心你的病情。（三流记者会说“病情的发展”。）胡里奥得的不是癌症。尽管他的亲友，他身边的人都以为他得了癌症。从来没有这种诊断，事实完全相反。（马里奥·穆

[1] 危地马拉作家奥古斯托·蒙特罗索（Augusto Monterroso，1921—2003）的昵称。以下所有注释，除非特别说明，均为译者所注。

[2] 指的是奥罗拉·贝尔纳尔德斯（Aurora Bernárdez，1920—2014），阿根廷作家、翻译家，科塔萨尔的第一任妻子，文学遗产执行人。

[3] 原文为法语。

奇尼克[1]，抱歉反驳了你。你在那本《最糟的并不是作家》[2]里写了很漂亮的一章，采用了最广为流传的说法，说科塔萨尔得了癌症。）也不奇怪。胡里奥得的那种病还诊断不出来，还没有被冠以学名，只是被称作“免疫机能丧失”。卡罗尔·邓洛普[3]，科塔萨尔的第二任妻子，不久前也死于同样的疾病。这种病的症状包括白细胞大量增殖、皮肤斑疹、腹泻、疲劳、机会性感染，最终以病患死亡为结局。1983年11月在巴塞罗那的时候，胡里奥很担心他的病，给我看他舌头上的一块黑膜：卡波西氏肉瘤。他感染的那种病毒当时让医生们大惑不解，更拿不出对症治疗的方案。没有哪个医生知道它是如何传播，如何感染的。我很警觉，让胡里奥向哈维尔·伦蒂尼[4]，一位巴塞罗那的杰出医生兼诗人咨询。哈维尔和我关系很好，值得信赖。胡里奥和我拿着报告去找他。哈维尔·伦蒂尼是个很难得的人，慷慨，热情，乐善好义，总是急人之困。他给医学杂志《雅努斯》供稿，不过负责的是文化版，版面质量相当出色。他收集绘画，钟爱诗歌，出资创办了巴塞罗那唯一一份专门的诗刊《诗歌时刻》（*Hora de Poesía*），并担任主编。《诗歌时刻》发行了好几年，到哈维尔去世才休刊，上边几乎登载过所有欧洲诗人和拉美诗人作品的原文或译文。哈维尔熟读胡里奥·科塔萨尔的作品，不仅佩服他的文才，对他本人也很是喜欢，前后求了我好多回，让我在科塔萨尔来巴塞罗那的时候

[1] 马里奥·穆奇尼克（Mario Muchnik，1931—2022），阿根廷作家、翻译家、摄影师，科塔萨尔友人。
[2] 马里奥·穆奇尼克文学工坊出版，马德里，1999年。——作者注
[3] 卡罗尔·邓洛普（Carol Dunlop，1946—1982），美国作家、翻译家、摄影师。
[4] 哈维尔·伦蒂尼（Javier Lentini，1929—1995），西班牙医生、诗人、翻译家。

介绍他俩认识。两人见了面，果然惺惺相惜，结果全面问诊不得不往后推延，安排到晚餐时分，在哈维尔位于巴尔梅斯大街、满是艺术收藏品和外科器械的富丽住宅中进行。哈维尔·伦蒂尼肯定地表示，验血和其他化验的结果排除了胡里奥患癌的可能。他认为病原体是种尚无法识别的罕见病毒。在他看来，他的法国同行们操作上并无问题，但他也完全弄不清这究竟是什么病。还缺少一条客观证据，后来追溯才知道它的重要性：染病的两年前，胡里奥·科塔萨尔在法国南部一家医院接受了一次大输血。当时他正和新婚妻子卡罗尔·邓洛普在那边度暑假。输血是因为他先前胃出血。“我成了个崭新的人，”他当时写信给我说，“他们更换了我所有的血液。”他去世几年后，法国卫生部部长因为艾滋病病毒污染血液的丑闻引咎辞职。注意，卡罗尔去世——她走得比胡里奥早——也是因为得了一种尚无名称的怪病。一种未知病毒害她丧失免疫屏障，遭受机会性感染。她比胡里奥年轻得多，的确，但她在青年时，也就是几年前，切除过一个肾，因此病程发展格外迅速。哈维尔·伦蒂尼没法给出确切诊断，放到如今却要容易得多。但我还记得1987年末，我在我的作家好友，安娜·玛丽亚·莫伊克斯[1]家里跟他有过一段对话。那时我刚做完手术，正在康复期，跟哈维尔感慨万分地回忆起胡里奥。我对他说：“我觉得现在医生能准确诊断出导致胡里奥去世的那种病了。”哈维尔以他惯常的温柔语气回答我：“我们可以诊断出是什么病，克里斯蒂

[1] 安娜·玛丽亚·莫伊克斯（Ana María Moix，1947—2014），西班牙诗人、小说家、翻译家，曾参与巴塞罗那左翼文化运动“神圣左派”（La Gauche Divine）。与佩里·罗西关系颇佳。

娜，但我们还是治不了。病的名字不重要，重要的是能不能治愈。我们是治不好他的。”

在得病以前（他一生中就没得过几次病），胡里奥总是微笑着对我说：“我是不死之身。”这话总叫我寒毛直竖。他并不多疑，总是以坚忍、勇敢、高贵的姿态忍受着病痛，只是对医生治疗不力有点生气。他是个乐天派，从来不会崩溃，不管面对的是卡罗尔的死，还是他自己的病。（“我很有快乐的天赋。”他曾经这么对我说。而我是个浪漫主义者，坚信快乐不过是个使用不当的词。）当他微笑着对我说“我是不死之身”的时候，我心生恼怒，尽管我明白他的意思。那不是个形而上的信念，当然更不是宗教信仰：胡里奥太理性，太清醒，不会有这样的想法。他只是确信死亡是和生命不同的另一个阶段，其中的碎片、吐息、奇异的音讯有时仍能抵达我们这边。那不是个理念，而是一种预感，预感的主人和谐地统合着启蒙思想与现代哲学，喜爱着无意识、偶然性、梦境与象征。作为作家，他超越了现实主义与理性的界限。

那个巴黎二月忧伤而多雨的早晨，胡里奥已不再需要我——即使我那般需要他——也不再需要奥罗拉·贝尔纳尔德斯，他的第一任妻子。她是在他生命最后几个月里照料他的人，也是他指定的遗嘱执行人。我能想象，葬礼上大概是人山人海，亲近或不那么亲近的人都来参加仪式。如果是他的话，应该会想要尽可能办得私密低调吧。我也能想象世界各地的众多读者该有多么悲痛，他们在他作品里发现的不止是一名伟大的作家，更是一位朋友，一个同类。读者会非常憧憬一名作家，但并不一定会爱他。胡里奥却总是唤起他读者心中的柔情，激发他们做他同谋的意愿，因为“我是一个诗人，我如我写的那样生活”（来自普契尼《波希米亚人》的第一幕。我们听过许多版本：雷纳塔·泰巴尔迪、维多利亚·德·洛斯·安赫莱斯、玛丽亚·卡拉斯、蒙特塞拉特·卡巴叶，还有几乎绝迹的克劳迪娅·穆齐奥的版本。她是我最喜欢的女高音歌唱家之一，但我当初匆匆逃上流亡之路，弄丢了我有的唯一一张她的碟片。胡里奥有次在伦敦碰见一张，当作礼物送给了我。我们一致认为在整个歌剧史上，她演绎的咪咪[1]无出其右）。读者们的鼻子总是很灵：他们能闻出作家的生活与作品的道德品质是否相符。

那个残酷的冬日早晨，我家里的电话响得太频：是的，我知道胡里奥去世了，不，我不打算去他的葬礼，我不会解释原因，嗯，谢谢你和我分担这悲痛。客套话而已，悲痛是不可能分担的。到了晚上，我打算出门，好不必再听下去。我拜托一位朋友，让她开车带我在巴塞罗那兜一圈风。我夜里十二点回家（属于吸血鬼的时刻，你记得吗，胡里奥？），吃了片安眠药睡下。没过多久，响起巨大的爆炸声，床也摇晃起来，我从梦中惊醒，不知道发生了什么。爆炸是从街上来的，于是我扑到朝街的窗户前，看见路上散落着碎玻璃和碎墙壁，还有一个跌倒的男人，正努力扶着断了的一条腿。好几个邻居从阳台上各自探出头来，远处响起警笛声。我下了楼。我租房的那栋楼大门已炸坏了：加泰罗尼亚

[1] 意大利作曲家普契尼所作歌剧《波希米亚人》的女主角。

的独立主义组织“自由之土”在隔壁的电力公司安了颗炸弹。炸弹的冲击波炸毁大门，溅起玻璃，令一个清晨路过、本来要去上班的可怜男人受了重伤。那晚我没有睡，我太紧张了。胡里奥去世了，恐怖袭击又叫我想起流亡之前在蒙得维的亚那段最灰暗的日子，这两件事都让我失眠，好像两者之间忽然诞生某种古怪密谋。一件事和另一件事之间并无明显联系，但我的脑子（和你的一样，胡里奥）在偶然中找到等待揭示的谜团与密文。我焦虑不安地度过了第二天的上午。到了中午，我决定下楼去附近一家咖啡厅，那里的人跟我很熟，因为我每天上午都在那读报纸，再写上一点东西。一位女友同我一道。酒吧老板和我谈起一位法国作家，他说，他有次看见我和那位作家坐在一张桌边，最近那位作家去世了。我突然感觉，我必须马上离开咖啡厅回家，刻不容缓。我心里有种怪异的危机感。我火急火燎，连电梯都没等，爬了八层楼爬到家门口。到了门前，我发觉门框被贼撬过，好在贼没来得及进门就跑了，可能是听见了我的脚步声。我松了一口气：忽然之间，恐惧烟消云散。我想起科塔萨尔最喜欢的一个话题：他说每个克罗诺皮奥都有一位守护天使。不管克罗诺皮奥出生或居住的地方相距多远，他们总能彼此相认，而且，一个克罗诺皮奥死去之后，就会变成另一个克罗诺皮奥的守护天使。这个说法，亲爱的男读者，亲爱的女读者，你们在任何一本已出版的关于胡里奥·科塔萨尔的书里都找不到。因为这些在他生前或死后出版的书，作者大多是男性，是记者或者大学老师，全都十分严肃理性。科塔萨尔对他们总是以礼相待，是，这点没错，但他们深入不了他的心底（“心尖”，这是卡斯蒂利亚语里最早的一个比喻，出现在《熙德之歌》[1]里）。“我喜欢和女人们聊天，”胡里奥有时会这么说，在生命最后几年说得更频繁，“男人们太严肃，太理性。女人们说的是情感的语言，男人们，至少是我这一代的男人，却很难识别这种语言。”

那天上午，我本能地抬起头，朝胡里奥这位大克罗诺皮奥挤了挤眼睛，因为他正在那里守护着我。

胡里奥·科塔萨尔去世几个月后，瓦伦西亚大学组织了一场纪念活动，我想应该是全西班牙的头一场。我和马里奥·穆奇尼克都受邀出席。活动在瓦伦西亚交易所[2]举办，但听众多到室内根本挤不下，以至于主办方不得不在街上安了扬声器，好让所有人都能听见。第一个发言的是马里奥。员工们调试好了麦克风，反复检查了几遍电线。我们想办一场快活亲切、跟庄严一点不沾边的纪念活动，不长篇大论，不说场面话，也不卖弄学问。只是一次朋友聚会，共同纪念那位已经不在，或正以另一种方式在场的朋友。我带了几张苏珊娜·里纳尔迪[3]演唱的探戈碟片，因为我知道，不管胡里奥身在何处，都会很乐意听苏珊娜唱一曲《南方》，或者《你好呀，班德琴》（*Che, Bandoneón*）。但胡里奥似乎还是不太赞成这场纪念活动。因为正当马里奥要开口的时候，

[1] 《熙德之歌》（*Cantar de mio Cid*）是西班牙十一世纪的一部长篇英雄史诗，根据卡斯蒂利亚骑士罗德里戈·迪亚兹·德·维瓦尔的生平改编。

[2] 瓦伦西亚交易所（La Llotja）是一座建于十五世纪末的哥特式建筑，位于瓦伦西亚市中心，曾是商人们的交易场所。1996年被联合国教科文组织列为世界文化遗产。

[3] 苏珊娜·里纳尔迪（Susana Rinaldi，1935—），阿根廷探戈女歌手，有意大利血统，因此也被人称作“拉塔娜”（la Tana），意为“意大利女人”。

意料之外的滋滋声如瀑布般从调试完美的麦克风和扬声器中喷薄而出，震耳欲聋。主办方紧张万分，立即想修复故障。压根就没有什么故障，一切妥当，马里奥可以再开始发言。没门儿：马里奥一张嘴，抗议的噪音、滋滋的声响，就从设备里边迸出来。有好一阵子，场面如同喜剧片，技术人员努力修理设备，马里奥微笑着仰视天花板。胡里奥大约正在那个方向上大笑吧。每次马里奥一要开口，不可解的噪音就又响起来。于是在主席台上，离马里奥不远的我高声道：

“哎，胡里奥，”我说，“你别觉得这是个严肃场合。我们都是朋友，是打算来放声欢笑，听探戈曲子，再跟你一起呆会儿的。”

我没用麦克风。马里奥听我说完，再走向麦克风，这次没有半点问题，他终于能开始发言，开始追忆友人。我呢，也能在留声机上奏响拉塔娜·里纳尔迪[1]那首《南方》独特的旋律，她的歌喉日益美妙[2]。

这本书也并不严肃，别怕，胡里奥。它属于我们的对话，我们在巴黎或巴塞罗那街头的徜徉，我们做过的事，聊过的天，我们有过的梦与渴望的一部分。这里没有比较文学分析——比较你翻译过的爱伦坡的《厄舍府的倒塌》和你的短篇小说《被占的宅子》，比较莱奥波尔多·马雷查尔[3]《亚当·布宜诺斯艾利斯》里的

---

[1] 即阿根廷探戈女歌手苏珊娜·里纳尔迪。

[2] “歌喉日益美妙”这评价往往是给卡洛斯·加德尔的。——作者注

[3] 莱奥波尔多·马雷查尔（Leopoldo Marechal，1900—1970），阿根廷诗人、戏剧家、小说家、作家，属于阿根廷先锋文学团体“佛罗里达派”。代表作为小说《亚当·布宜诺斯艾利斯》（*Adán Buenosayres*），围绕亚当在变形的布宜诺斯艾利斯中象征性的旅程展开。

口语表达和《跳房子》里某些人物的黑话，诸如此类——但有恐龙、万花筒、奥罗拉位于德亚[1]的宅子、黄昏风景犹如末日的马略卡，还有巴塞罗那的防波堤（“我很想钓一钓鱼，可惜我不会。”你说。堤上有一溜耐心静候的人，数目看不真切。他们伸出鱼竿，目光迷离。“伸出鱼竿是为了想些别的事情。”我对你说。“那可好得多。要是相信自己就在自己所在的地方，只看向存在于眼前的东西，这才是怪事。”你补充道，语气有些忧伤）。

[1] 德亚（Deià）是西班牙马略卡岛上的一座城镇。科塔萨尔及其第一任妻子奥罗拉曾到此度假，科塔萨尔好友、尼加拉瓜－萨尔瓦多诗人克拉丽贝尔·阿莱格里亚也一度在此居住。

相遇

1972年10月4日上午十点，洁白沉重的远洋轮船“尤利乌斯·凯撒”（状若一头海上的乳齿象）开始在蒙得维的亚港口解缆。（“我也是坐船离开布宜诺斯艾利斯的。”后来胡里奥·科塔萨尔对我说，“我也想坐船回去。就好像开启旅途的方式总暗示着归来的方式。”说到这，男女读者们的脑海中必定自然而然地响起卡洛斯·加德尔[1]的《归来》。）我探出船舷，看见远处我的妹妹一边哭泣，一边向我挥别。我也在哭泣。我走，是为了逃命，尽管心中也有疑惑：为了逃命受这么多苦，值得吗？乌拉圭本是一片接纳全世界的流亡者和被逐者的土地——接纳意大利人、西班牙人、波兰人、俄罗斯人、希腊人、土耳其人、亚美尼亚人——后来却反过来，成为了出埃及之国，流亡之国，逃难之国。（“最后离开的记得关灯。”蒙得维的亚机场里涂着这句话，原是某人的玩笑之作，后来却广为流传。）上船之前，我先花了点时间写《前

---

[1] 卡洛斯·加德尔（Carlos Gardel, 1890—1935），阿根廷著名歌手、作曲家、演员，在探戈历史上有着重要地位。

进》[1]周报的稿子。我常给《前进》供稿（拉丁美洲“文学爆炸”一代，还有欧洲的左翼作家，全都在《前进》上发表文章，从让-保罗·萨特到加西亚·马尔克斯，从雷吉斯·德布雷[2]到玛尔塔·特拉巴[3]，从阿尔都塞到胡安·卡洛斯·奥内蒂）。写完稿子，我告诉向来可靠的报纸责编乌戈·阿尔法罗，我要去巴塞罗那。知道这事的只有他，后来好长一段时间里（一直到风头过去）他都是我和蒙得维的亚唯一的联系。阿尔法罗很聪明，立即理解了一切，支持我的决定。于是我就这么走了。

那年我三十岁，是个早熟的作家，已开始在全国最好的出版社出版作品（阿尔法出版社，它的所有者是一个流亡的西班牙人。此事合情合理。这个西班牙人叫贝尼托·米利亚，在埃布罗河战役后逃离西班牙，乘船抵达蒙得维的亚港口，尽管他一开始想去的是布宜诺斯艾利斯，但看见海边的小山时他想起了蒙特惠奇山[4]和巴塞罗那），我是学校的文学老师，是周报年纪最小的作者，但战鼓敲响之后，我就离开了乌拉圭，尽管博尔赫斯评价巴列霍时说得好，“如果从不曾离开，又怎会想要归来”。我离开时抛下了我爱的一切：布尔戈斯街上人间天堂的芬芳，我的学生（有几个学生采取了颇为有效的手段帮我免遭撤职：他们烧毁了存放

---

[1]《前进》（*Marcha*）是乌拉圭一家重要的政治、文学周报，由乌拉圭左翼政治家、作家卡洛斯·吉哈诺于1939年创办，由乌拉圭作家胡安·卡洛斯·奥内蒂担任主编，后于1974年停刊。

[2] 雷吉斯·德布雷（Régis Debray, 1940—），法国哲学家、作家，深受马克思主义影响，追随阿尔都塞，与菲德尔·卡斯特罗和切·格瓦拉是好友。

[3] 玛尔塔·特拉巴（Marta Traba, 1930—1983），阿根廷-哥伦比亚作家、艺术评论家。

[4] 蒙特惠奇山（Montjuich），巴塞罗那南部圣徒-蒙特惠奇区的一座小山丘。

法庭记录的档案），从家中大窗可以遥遥望见的负伤查鲁亚人[1]的雕像，我们唤作海洋的拉普拉塔河河口湾，总能找到——千真万确——一本初版的彼特拉克十四行诗或一部佩雷斯·伊·佩雷斯[2]的连载小说的神奇旧书店，还有全天开放昼夜无休的咖啡（在蒙得维的亚我们都管咖啡馆叫“咖啡”），里面云集了流亡的巴斯克人、失业妓女、象棋手、探戈舞者、银行职员，还有学生，总是有学生，世界革命就在此发动。我也扔下了我的三千本书（都是从微薄的月薪里一本本挤出来的），我的碟片，我的“私人物品”。（胡里奥：“我小时候极迷恋女人的手袋。我那些胖胖的姨妈，阿古斯蒂娜，塞莉娜，只要一转身，我就趁机掏空她们的袋子，为找到的那些东西心醉神迷。别针、钥匙、绣着成对首字母的小白帕子、小香水瓶、小口红、小眉笔、零钱包、卢汉圣母小像、散发着干滑石粉气味的粉盒、黑色发卡、阿司匹林咖啡因片。袋子里又总是有藏着意外宝物的小袋子：据说是欧洲人的祖父的照片，旧日追求者以带着烈酒味道的散乱蓝字写下的诗，或是干枯的玫瑰花瓣，不知道是何人所赠，又会勾起怎样的回忆。”我很多疑：“你长大了难道没想过问问自己——你不是已经长大了吗——这种对女人手袋的钟情有什么含义？”“男人总是觉得女人有秘密，或者认为女人本身就是个秘密，你读过弗洛伊德，可

[1] 查鲁亚人（charrúa），南美原住民族群，主要分布于阿根廷和乌拉圭。“负伤查鲁亚人的雕像”很可能指蒙得维的亚普拉多区的纪念雕像《最后的查鲁亚人们》。雕像表现了在1831年对查鲁亚人的大屠杀中被俘，之后被法国人送到巴黎展览的五个查鲁亚人。

[2] 拉法埃尔·佩雷斯·伊·佩雷斯（Rafael Pérezy Pérez, 1891—1984），西班牙通俗作家，前后创作了160余部爱情小说。

能会这么说。我也读过弗洛伊德，要我说的话，那是对差异的钟情。男人的钱夹里塞的都是些什么？钱，文件，没了。但塞莉娜姨妈的袋子宛如诺亚方舟。”）有个很傻的问题：“去荒岛的话，你会带些什么？”多年以后，胡里奥和我觉得应该做个田野调查：看看流亡的智利人、阿根廷人、乌拉圭人箱子里都带了些什么。看看我们试图从离散，从丧失，从不确定中救出哪些私人物品，哪些被我们当成护身符，当成偶像的东西。

我那时心系祖国命运，之前从未想过离开；当年我讨厌旅行（“你真的没去过布宜诺斯艾利斯？”科塔萨尔难以置信地问我）又很喜欢蒙得维的亚的寂寞。那座南美的欧洲城市，每平方公里的知识分子和诗人密度位居世界之首。他们全都是波希米亚人、浪漫派、失意潦倒者，因为国家的经济正在衰退（国家无法靠文学生存，也无法靠乌拉圭的奶牛生存，因为世界大战业已结束，奶牛在国际市场上的价格不比从前），教师挣的钱又和普通士兵差不多。（乌拉圭从没有兵役，就算是在臭名昭著的独裁时期也没有。）离开乌拉圭的两年前我出版了一本小说：《我堂表亲们的书》[1]。这部作品在《前进》的首场小说评选里获了奖，于是我得到了为报纸撰稿的资格。《我堂表亲们的书》是本抒情小说，也是本政治小说（我仍觉得一切都是政治的，无论看上去是否与之相关），在乌拉圭不乏读者，但在国外，我想应该是鲜为人知：归根结底，我们虽是一个高雅文明的小国，却位于世界的屁股蛋上。

---

[1] 格里哈尔波·蒙达多里（Grijalbo Mondadori）出版社于1989年出版了最新版。——作者注

一年后我出版了一本可怕的书《恐慌迹象》[1]，体裁兼有短篇小说和诗歌，以寓言和隐喻的方式警示：法西斯主义和军事独裁即将到来。这两本书中的任何一本都足以让我成为当局的敌人，政变之后，它们都成了禁书（他们也封禁了我的其他作品，甚至不允许提我的名字）。那时拉丁美洲正处于一个狂热、激荡、悲怆的年代，令人哀痛，难以忘怀。

抵达巴塞罗那一年后，我依靠出版工作勉强维生，还成立了一个半地下委员会，与乌拉圭的独裁政府做斗争（弗朗西斯科·维森斯[2]，谢谢你的帮助：你也是个佛朗哥政权的流亡者，你的支持令我万分激动），这时《前进》的责编乌戈·阿尔法罗转寄给我一封信，信本来寄到了蒙得维的亚报纸编辑部，收件人署了我的名字。寄信人竟是胡里奥·科塔萨尔，令我大为吃惊。他读了我的小说《我堂表亲们的书》，于是写信给我（“我是在一个冬日清晨意外发现这本书的。当时我坐在‘拉丁美洲’书店里，如鱼得水，正翻腾着一张桌子。我总能在店里找到我不认识的作家写的有趣东西，我心想，这些书是怎么到这儿来的？但我知道，很可能是某个哥伦比亚学生为一碗热汤卖了书，也可能是某个皮包骨的阿根廷女子，卖书只为买一双羊毛长筒袜，毕竟巴黎很冷，暖气又很贵，但这回，克里斯蒂娜，这回不是这样；这回是书自己找上的我：帕科，那个西班牙店主，跟我说：‘这书刚由船运过来，拿了《前进》的奖的，我只有这么一本，给您留着了。’店主总为我

---

[1] 布鲁盖拉（Bruguera）出版社于1980年出版了本书的西班牙语版。——作者注

[2] 弗朗西斯科·维森斯曾任巴塞罗那米罗基金会会长，后任巴塞罗那市政委员。——作者注

进《前进》，每期发行一周后就能拿到，有空的时候，我就上圆顶餐厅露台，找一张小桌坐下读报，一边喝咖啡加奶，吃新月面包——我觉得这么叫比可颂面包好听，还请土耳其人见谅。是那本书找上了我，克里斯蒂娜：你看啊，我当时正在写一本叫《曼努埃尔之书》的小说，我上店里，撞上你那本小说，叫《我堂表亲们的书》，那天晚上，当我开始读你的小说——因为我就是晚上翻开的书，在烟斗的烟雾之中，听着犹如天籁的雷·查尔斯的碟片阅读——我意识到我的书也是你的一个堂表亲，你看，某种意义上，曼努埃尔也在你的堂表亲里，也是他们中的一个，那么，如果我还想继续写这本小说，我就得从头再来，改掉很多地方，说实话，这让我有点恼火，但更觉得美妙，你在蒙得维的亚，我在巴黎，我们两人竟有一样的想法，在小说里混合散文和诗歌这两个体裁，但它又不只是想法，因为这不是想法的问题，况且这种搭配可以说早在浪漫主义时期就已经发明，我说的是游戏和幻想、色彩和情感的问题，因此我决定，在把我正在写的书扔进烟囱之前，还是要先给你写这封信，因为曼努埃尔和你的堂表亲就像是一家人。于是我翻到书的封面，看见你甜美又有点忧愁的小脸，你美丽的小脸，你深邃的目光，我知道了究竟是哪个女人写下与曼努埃尔相似的堂表亲们，自己却并不知情，你写那些堂表亲时我正在写曼努埃尔，我们两人都对此一无所知，而现在他们相遇了。”）

那封信令我激动又惊喜。胡里奥·科塔萨尔是我最爱的作家之一，我不单单喜爱他的作品，曾经热切地阅读过它们，更喜爱他的个人形象。当时的读者主要将他视为《跳房子》的作者，无论是在布宜诺斯艾利斯还是蒙得维的亚，在智利圣地亚哥还是巴塞罗那，这部小说都是一代人心中的经典。我想，在当年，没有几本书能引发那样的阅读狂热，激起那样多的讨论。面对《跳房子》引发的那些偏颇、激动、十有八九含着嫉妒的批评（尤其是在阿根廷），胡里奥总是怀着一点心痛。1969年，科塔萨尔和哥伦比亚作家奥斯卡·科利亚索斯——科利亚索斯后来在巴塞罗那住了许多年——在《前进》周报上围绕被称为“文学爆炸”的拉美文学潮流展开了极为有趣的争论（批评家安赫尔·拉马[1]认为有三个“文学爆炸”的席位人选确凿：加夫列尔·加西亚·马尔克斯、胡里奥·科塔萨尔和马里奥·巴尔加斯·略萨。另两位人选则不确定：最常被提名的包括奥克塔维奥·帕斯、阿列霍·卡彭铁尔、豪尔赫·路易斯·博尔赫斯、胡安·鲁尔福，还有莱萨马·利马）。我兴致勃勃地跟进争论，完全赞同科塔萨尔的看法。奥斯卡·科利亚索斯批评了几位“文学爆炸”作家——重点点名了科塔萨尔——说他们“欧化”，好像真有拉美文化和欧洲文化这么两个对立文化似的。科塔萨尔的反驳则极有洞见（要知道那争论发生在1969年年底）：“文学技巧中已不存在外来之物，因为虽然从前不同的民族文学在密封舱中发展壮大，但如今地球变小了，译本能紧跟着原版问世，作家之间又互有联系，这一切都让那些密封舱日渐消失[……]传递经验的形式结构不再由某些文化专享；

[1] 安赫尔·拉马（Ángel Rama, 1926—1983），乌拉圭作家、评论家。

实验田只有一片，个别成果越重要，越有效，传播也就越快。如果此刻有某个瑞典或者意大利小说家正借鉴《绿房子》[1]的时空结构写作，我一点都不会感到惊讶，之前就能看出，有些法国作家在精神和音韵上都已受到博尔赫斯的影响。”那次争论值得全文阅读，能让人大致了解当年的话题、关注焦点，还有政治和文学之间的关系。那是著名的1968年，拉丁美洲1968年的标志性事件是古巴革命和南锥体的游击队活动（图帕马罗斯游击队、蒙托内罗斯游击队、各种人民军），最后却终结于智利、阿根廷、乌拉圭和巴西恐怖的独裁政权，成为我们所有人的不幸。[《胡里奥·科塔萨尔：尘与汗的终结》（*Julio Cortázar: al término del polvo y el sudor*）收录了争论全文，这本书1987年于蒙得维的亚出版，属于“前进丛书”（Biblioteca de Marcha）系列。] 很奇怪，科利亚索斯居然批评胡里奥·科塔萨尔“欧化”。科塔萨尔可一直都在用“阿根廷话”写作，博尔赫斯曾坦言自己更偏爱英语，科利亚索斯却不批评他。

我想，在所谓的“文学爆炸”作家群里，最受读者喜爱的总是胡里奥·科塔萨尔，最能让我们这些下一代作家认同的也是他。因为他也将文学视为游戏（这概念并非胡里奥的遗产；荷兰历史学家约翰·赫伊津哈在1944年出版的《游戏的人》中就曾阐释过这一概念），因为他缺少严肃的气质，因为他不把学院的语言规则奉为圭臬，因为他叛逆，因为他有着热爱革新、嘲弄传统的精

[1] 马里奥·巴尔加斯·略萨的小说。——作者注

神。博尔赫斯能成为经典大家，阿列霍·卡彭铁尔和马里奥·巴尔加斯·略萨也同样；而胡里奥则永远年轻，永远反资产阶级，他永远是狙击手、读者的同谋、游戏的人，同时也是一名伟大的读者，一位儒雅的作家，一个绘画、音乐和所谓“小众”文学的爱好者。（“比起那些知名作家，我更喜欢那些小众作家，克里斯蒂娜。因为一位伟大的作家，像莎士比亚、塞万提斯，是没法激发你的灵感的；他们就在那里，完美无瑕，仅供瞻仰。相对地，那些小众作家身上有多少好点子，多少可资利用的纰漏啊；面对一个小众作家，总是可以去纠正他，面对一个知名作家则不然。”）就算是在最复杂的文本里，科塔萨尔也要读者来做他的同谋，从不把读者排除在外，他如此贴近读者，显得很亲切，令读者产生共鸣。许多次，走在巴塞罗那街头，走在格拉西亚大道或格兰大道上，就有某个男读者女读者认出他，激动地走过来同他打招呼。胡里奥能表现得彬彬有礼同时又十分疏离，叫人肃然起敬。（“你从哪儿学来这种得体礼仪[1]的？是从布宜诺斯艾利斯带来，还是后来跟法国人学的？”我问他。）我总是很敬佩他能自然而然学会这种明智地保持合宜距离的方式。（你去世几年后，胡里奥，我写了首诗，开头是这样的：“在爱与拳击里/一切都是距离问题。”那时我才意识到，你不是在布宜诺斯艾利斯，也不是在巴黎，而是在拳击场上，从你欣赏的那些拳击手身上学会了如何保持最佳距离。）

[1] 原文为法语。

胡里奥的信令我又惊又喜，激动万分。我从没给任何一个作家寄过书，也从没拿着手稿向人征求过意见，况且，当时的文坛里也没有女人。但我们曾努力想要改变世界（“我们曾想改变世界/而世界改变了我们”，等到你去世几年后，我将在一首诗里这样写）最后却落到这般地步，流亡国外，我们这些幸存下来的人，有的在巴黎死于冻饿，有的成了手工艺人（“你真得看看乌拉圭人的手有多灵活，我是说做手工，以前我们以为马普切[1]或者拉坎登[2]土著才做这个。”1979年，我走在巴塞罗那兰布拉大道上，对胡里奥说。“你这个蒙得维的亚人，想必一辈子都没见过一个土著。”他回道。“我在‘查纳人’[3]咖啡馆的罐头上见过，”我说，“我还能背小学教的《塔巴雷》[4]里的一段呢。”我对他说。“塔巴雷不算数，”他回，“那是个白皮蓝眼的土著人，我说的是货真价实的土著。”)，还有的在斯德哥尔摩学瑞典语。(“哎，太难了，”胡里奥说，“我还是很擅长学语言的类型呢。但你看啊，他们都没有词来描述眼皮，得说什么‘覆盖眼睛的上皮组织’，所以，克莉斯，我今早就得跟你说什么，你醒来时覆盖眼睛的上皮组织多么美丽。不过也要看到瑞典人是怎么对我们的，他们没让任何一个流亡者喝西北风，还发补贴让他们学语言。我认识不止一个假装聋哑的人，瑞典人会过去，给他们配手语老师。”)

---

[1] 马普切（Mapuche），智利数量最多的原住民族群，在阿根廷西南亦有分布，擅长纺织。

[2] 拉坎登（Lacandón），居住在墨西哥与危地马拉边境拉坎多纳丛林的原住民族群，擅长纺织、鞣制皮革、制作陶器等手工艺活动。

[3] 查纳人（Chaná），分布在乌拉圭和阿根廷的原住民族群，与查鲁亚人联系密切。

[4]《塔巴雷》（*Tabaré*），乌拉圭作家胡安·索里利亚·德·圣马丁1888年发表的长诗，歌唱西班牙人和查鲁亚人交战的背景下发生在原住民塔巴雷和西班牙女郎布兰卡之间的爱情故事。

我立刻回复了这第一封信；我向他描述了这封信的奇妙旅程：从巴黎到我已经不在的蒙得维的亚，又从蒙得维的亚到我刚到不久的巴塞罗那。（“有时人到达却没有到达，出发却没有出发，”我写给他，“像在爱情中一般：两个人分开，一个先走了，另一个却久久难以离开。也仿佛是身体和感情分道扬镳。此外，显然，这也是柏格森和爱因斯坦之后的状况：我们无法再相信空间或时间。”）胡里奥给我写了封信，寄到蒙得维的亚的《前进》周报，这信又追着我，到了我半秘密地居住着的巴塞罗那，这事对我而言很神奇，但他似乎一点也不惊讶，因为他一收到我的回信就打电话给我，对我说：“不存在偶然，偶然只是我们相遇或分离的一种方式。当时我无论如何都要找到你，那封信承载着一股强烈的愿望，一种联结，因此它完成了它的职责：它知道你在哪里，就上哪里去找你。不管怎样，我还是要感谢乌戈·阿尔法罗，或者说，感谢那个叫作乌戈·阿尔法罗的纺织丝线的命运化身。”于是我想起《跳房子》。小说开头，奥拉西奥·奥利维拉和玛伽在巴黎艺术桥上相遇。“玛伽微笑着，并不觉得奇怪。她认为，一次偶然的相遇在我们的生活中最不具有偶然性，她也认为，准时按地赴约就跟写字非要用带格子的纸张或是挤牙膏非从底部挤起不可一样。”[1]科塔萨尔和玛伽有一样的观点。他写道：我们行走而不曾彼此找寻，但心知我们行走就是为了相遇。这是我们最大的共同点之一。和他一样，我也认为偶然是命运显现的一种方式，必须

---

[1] 译文参考孙家孟译《跳房子》（重庆出版社2007年版）。此处引用与原文有些微差别，因此对译文也进行了改动。

谦卑地向它屈从，忘却理性、意志和“我”的种种装置，让生命自由流动，勾勒跳房子的图形，或者它想要的任何几何形状。直到最后，我们身上都不断发生着奇妙的、难以解释的小事，我们高高兴兴地接受它们，我的话，可能接受得更谨慎一些，因为科塔萨尔乐观，我却多疑：对生活，我习惯抱着最坏的期望，因为结局总是很糟。（当初我给你讲我最喜欢的一段电影情节，你笑得多开心啊。我讲的是部B级黑帮片，肥胖的黑帮老大要参加宴会，正穿上无尾礼服，忽然发觉律师背叛了自己。他朝一个打手递了个眼色，暗示他干掉律师。律师被捅得遍体鳞伤，躺在地上，黑帮老大凑过来，低声对他说：“活命，然后没命。”）

我们开始通信两个月之后（我俩都钟爱书信体裁。我们这些流亡者，这些移民，要是没了信，该变成什么样子啊。你写信就像写你那些短篇故事和长篇小说，没法区分这些体裁，因为文如其人。你的信也构成你全部作品的一部分，也就是说，构成你整个人生的一部分。拉康纠正你：他说文正如我对他说话的那个人——拉康有没有意识到，我也可能对一个她说话，还是说，他认为女人们这片“黑暗的大陆”无法决定言说者的话语？——也许两种观点并不矛盾，因为与你交谈的总是同一个男人或女人，是言说者、书写者的想象），你邀我去巴黎见面。我没去过巴黎。我乘船从蒙得维的亚直接流亡到巴塞罗那。佛朗哥还活着，而我无处安身。我每三个月去一次边境，再重新入境（顺便看看被审查禁止的电影，像《巴黎最后的探戈》《萨罗或索多玛一百二十天》或《午夜守门人》，再听一听马龙·白兰度、狄·保加第、玛丽亚·施耐德的电影原声，而不是那些我永远也没法习惯的难听配音）。我到巴塞罗那法兰西车站乘火车。那时是冬天，整个欧洲都酷冷。“我在奥斯特里茨站[1]等你。”你在电话里告诉我。我从没见过雪。我用身上最后一点钱买了高筒靴和皮帽子，因为我总是在感冒，徘徊在染上某种恶疾的边缘（我对你说过，我小时候得过肺结核，而你回答我，我的文学志向正来自于此）。我刚失去挚爱，又失去了革命，失去了我的住所、我的家人、我的藏书、我的学生、我的城市和我的过去，在乌拉圭成了连名字也不能提起的人（还是别抱怨了：我只失去了名字，其他人可是失去了性命）。但流亡赠予我此前从未梦想过的东西：在奥斯特里茨站和胡里奥·科塔萨尔的相会。我不喜欢旅行，但我喜欢人。我只会为了见某人旅行，这一次，巴黎不过是背景幕布而已。

我到了那儿，远远望见他，修长，瘦削，笨拙，颊侧覆着一圈薄须，有着我此生见过的最蓝、最湿润的一双眼睛。一个名字浮现在我脑海：“长腿爹爹”[2]。“长腿爹爹”是我童年读过的一本简·韦伯斯特小说的书名。

（后来，我小心翼翼问他：“你读过《长腿爹爹》吗？”他无限耐心地回答：“读过，克里斯蒂娜，我读过罗宾汉丛书黄颜色封面的那版。但我还是当点别的什么吧，不要当你爹了。”“我想到长腿才说的。”我辩解。“你错了，克里斯蒂娜，我这不是腿，是高

[1] “站”一词为法语。

[2] 小说中译本大多将题目翻为《长腿叔叔》，但原著名为“Daddy-Long-Legs”（西语译作“Papaíto piernas largas”），直译为“长腿爹爹”，且下文玩笑即从“Daddy/Papaíto”一词衍生，故此处不采用习惯译法而采取直译。

跷。”）

我在巴黎待了一周，就回到巴塞罗那（那时我在卢门出版社工作）。那天是1974年2月13日。就在那天，胡里奥给我寄来一封手写信：

“现在你大概正搭乘你的火车离开吧。但你会回来的，我们会以某种方式重逢。在我们共同的国度里，还有那么多省份没有去探索。我不知道你喜不喜欢琼·贝兹的歌，不知道你爱不爱听以前或者现代的爵士乐，不知道你是不是吸血鬼学家，不知道你左边的前臂上有没有一颗痣（痣和疫苗疤都要夏天才看得出来）。你也完全不了解我，你总是有点惊异的样子，什么都不问我，好像你如果问我怎么生活，有过什么悠久的过去，就会叫我烦恼似的。又或者，存在这样那样的省份，但我还要说，克里斯蒂娜，昨天你的小手，你在雨中总是有点冰冷、好像麻雀一般的小手盖在我的发上，短暂而怡人地抚过[……]有什么告诉我，你和我从前就有过联系，我们是一段遥远友谊的化身，这友谊只会一直延续下去，好像我们总会在巴黎或世上任何一个角落相遇。[……]让我做中世纪壁毯上从少女手心饮水的独角兽吧；它以它自己的方式感到幸福，感到满足。”

共同的国度。省份。

是啊，当然，我喜欢琼·贝兹，她是我最爱的歌手之一，对，没错，我超爱爵士乐，特别是黑人女歌手唱的爵士乐，玛丽安·安德森我喜欢，路易斯·阿姆斯特朗我喜欢，查理·帕克我喜欢，歌剧我也喜欢（你在布宜诺斯艾利斯的哥伦布剧院，我在我叛逆青少年的房间调着频道，听阿根廷电台转播维多利亚·德·洛斯·安赫莱斯主演的《波希米亚人》），“克雷莫纳的雌虎”米娜[1]我也喜欢，维克多·哈拉[2]我也喜欢，我在蒙得维的亚见过他，体育馆里挤满了人，不不，哎，拉塔娜·里纳尔迪我不喜欢，我更喜欢加德尔和菲奥伦蒂诺，你说什么呀，喂，拉塔娜可是女神哪，她改变了探戈的道路，探戈本来，按巴耶-因克兰的说法，是那些被戴了绿帽的人在唉声叹气，到最后，到最后我狂热地迷上了拉塔娜，你说服了我，我们一起听她唱《致一位同类》，听得寒毛直竖（你在一张密纹唱片的翻盖上为她写道：“我不知道你的

[1] 米娜·安娜·玛丽亚·马西尼（Mina Anna Maria Mazzini, 1940—），意大利女歌手、演员，因其独特的声线得名“克雷莫纳的雌虎”（la tigresa de Cremona）。

[2] 维克多·哈拉（Víctor Jara, 1932—1973），智利音乐家、歌手、作家、戏剧导演，“智利新歌”运动代表人物。

声音后藏着什么/我从没见过你，你是那些碟片/夜里占满这间巴黎公寓。/我在布宜诺斯艾利斯寻找过你，但你一定知道/多少谎言的镜子会让你弄混街角/知道你走过一间间酒吧/最终会在一家小酒馆停住/拿着杜松子酒低声咒骂自己的迷途。/甚至连你是怎样的，你瞧，我都不知道。/我有你光碟上的照片/认识你描绘你的那些人/攀着紫藤的词语之墙/而你藏在背后，永远不可企及”）。你不会知道——因为死亡，这另一个省份，让你无法得知——苏珊娜·里纳尔迪和我将在巴塞罗那结下友谊。她来到大教堂广场，字面意义上地引吭高歌，留下一版难以忘怀的《你好呀，班德琴》。我录了视频，心想，万一在我最意想不到的时候，你——一定是瘦高的，看不见的你——想要和我一起看呢？

代表动物：恐龙。不知为何，但我们都为恐龙疯狂。无论你身在何处（因为你常常旅行：有时你会从巴黎逃到远方，远方包括但不限于古巴和尼加拉瓜），你总能找到一本恐龙书寄给我，要么就是一张尼斯湖水怪的明信片，或是一件模型。1976年我第一次出版故事集《恐龙的下午》，你为我作了序[1]，这也不奇怪。1978年，你在一封给我的信里写道：“假如我几年前给你寄过这本恐龙书，你就把它从阳台上扔出去吧，哪怕会把路过你那条街的行人砸死。我基本能肯定我没给你寄过，但与此同时，记忆深处好像有点什么……另一本恐龙主题的书？你也知道，讲不清我们这些恐龙狂身上发生了什么：我刚在一家书店看到这本书，

[1] 行星出版社1976年出版了第一版，之后普拉萨伊哈内斯（Plaza y Janés）出版社1981年又出版了一版。——作者注

实在忍不住要寄给你。再附上一则我很爱的轶事。有位墨西哥画家朋友，她女儿八岁，掌握了一切能掌握的恐龙知识，跟你我一样。坏就坏在学校里正教她法国大革命呢，结果有天她从班上回来，问她妈妈：‘妈妈，玛丽·安托瓦内特王后被砍头是恐龙之前还是之后的事情？’那个梁龙模型怎么样了？我在芝加哥——对，芝加哥——找到一位骨骼专家，是个古生物学家还是什么的，他送了我一根脊椎，跟块石头一样，不骗你，那家伙人很好，就是有点神神叨叨的，他跟我说有一个新分类，现在我们不是猴子的后代了，是始祖鸟（archaeopteryx）的后代，你肯定乐意把这个词写进诗里，但我年纪有点大了，接受不了这些东西，我就跟他说我还是愿意叫它们恐龙，泛称，就不细分了。”我们谈文学谈得不多。（可是，有什么人能谈论文学吗？文学的省份即是生活的省份，它们是同样的国度。）只有些散乱零落的感想评论。[我：“我刚读完乔治·曼加内利的短篇小说集《100：小小说百篇》（*Centuria*）。哎，写得真好啊！你读过吗？”“我不单读了，我还认识他本人呢。他就是那种小众天才，你在一个下雨的早晨醒来，脑袋作痛，正写着一篇讲阿根廷失踪者的文章，两个智利朋友又让你给反皮诺切特宣言募集签名，女房东忘了开屋里暖气，而你扁桃体发炎，来势汹汹如全盘押注[1]，这时读一读他，你就感觉好多了。你知道什么是全盘押注（órdago）吗？”我：“应该是

[1] 原文为de órdago，“órdago”本义为赌博中全盘押注，而“de órdago”则有“猛烈，极强”的衍生含义。

穆斯牌[1]里的词吧。一种筹码之类的。穆斯牌跟特鲁科牌[2]差不多，但是个加利西亚词。”“我跟你说，我还得到词典里去找——当然是卡萨雷斯那版[3]——因为塞莉娜姨妈说‘全押’是种什么生菜。我觉得她说得在理。你看，比如说，‘全押’番茄沙拉，听着多对劲啊。”] 除了恐龙，我们也很迷万花筒。但万花筒最大的问题是如果邮寄时没包装好，到的时候就会是碎的。你送了我第一个螺旋万花筒，它一直是我最得意的收藏，直到有次倒霉的搬家把它给弄坏了。那些学者和写论文的学生得知道，胡里奥·科塔萨尔将乌拉圭作家费利斯贝尔托·埃尔南德斯视作拉普拉塔河流域幻想文学的始创者之一。科塔萨尔知道，我花了多大劲才让埃尔南德斯的作品得以在西班牙出版，毕竟西班牙是个向来坚守现实主义文学的国家。我的努力换来的最大回报，就是让巴塞罗那的卢门（Lumen）出版社出版了《无人点灯》（*Nadie encendía las lámparas*）和《绣球花》（*Las hortensias*）两本书。科塔萨尔则通过伊塔洛·卡尔维诺——他们两人是好友——将费利斯贝尔托·埃尔南德斯介绍到意大利，卡尔维诺还为意大利译本写了序。可以说，科塔萨尔从小就是一个不知餍足、毫无节制、阅读成瘾的嗜读者。“我什么都读，连药品处方都读。”他说。他尤其

[1] 穆斯牌（mus），一种西班牙牌戏，在乌拉圭、阿根廷、智利等拉美国家也十分流行，一般有四人参与，三局分胜负。

[2] 特鲁科牌（truco），一种西班牙牌戏，流行于西班牙、意大利以及诸多南美国家，字面义为“诡计”，因玩家常在游戏中使用手段迷惑对方而得名。

[3] 指由西班牙词典学家胡里奥·卡萨雷斯主编的《西班牙语主题词典》（*Diccionario ideológico de la lengua española*）。

对言情小说上瘾，读科林 · 特利亚多[1]读得津津有味。“我觉得我对言情小说和侦探小说产生兴趣，是在奇维尔科伊[2]当老师，住公寓那段日子里，那时我无事可做，只有读书。那些文雅的评论家——像罗德里格斯 · 莫内加尔那种——不喜欢听我说我读言情小说和八卦杂志，他们觉得这些都是女人读的东西，但我跟你保证，克里斯蒂娜，好几次我在坐火车时读《马里韦尔》和《为你》[3]里的故事，旅途非常愉快。以前我的姨妈们也读这些杂志。”胡里奥在一个女性家庭环境中长大——与他同名的父亲在他小时候就抛弃了妻子和两个孩子（胡里奥和梅梅）——他戏谑地提到他的“姨妈们”（不知究竟数量几何），语气中总是带着甜蜜的柔情。

但也有我们无法共享的省份。胡里奥喜欢拳击，而我是一点也没有兴趣。他为拳击辩护，将拳击和舞蹈相比，不过实话讲，我还是认为在蒙松[4]和纽瑞耶夫[5]之间存在无法缩小的美学鸿沟。但反过来，我对足球很热衷，他呢，要么不怎么关心，要么就对此发笑。

我们俩都热爱诗歌。胡里奥一直想当诗人，尽管他对自己写的诗相当严格。“幸好，”有次他在给我的信里写道，“我很清楚我

---

[1] 科林 · 特利亚多（Corín Tellado）是西班牙作家玛丽亚 · 德尔 · 索科罗 · 特利亚多 · 洛佩斯（María del Socorro Tellado López, 1927—2009）的笔名，她主要创作爱情小说，一生共发表约5000部长篇、短篇作品，1994年被吉尼斯纪录评为最畅销的西班牙语作家。

[2] 奇维尔科伊（Chivilcoy），阿根廷布宜诺斯艾利斯省北部城市。1939年至1944年间，科塔萨尔在奇维尔科伊的国家师范学院担任老师，教授历史、地理和公民教育课。

[3] 《马里韦尔》（*Maribel*）和《为你》（*Para ti*）均为上世纪流行的阿根廷女性杂志。

[4] 卡洛斯 · 蒙松（Carlos Monzón, 1942—1995），阿根廷职业拳击手。

[5] 鲁道夫 · 哈米耶托维奇 · 纽瑞耶夫（Rudolf Hametovich Nureyev, 1938—1993），苏联芭蕾舞蹈家。

的废纸篓放在哪里。我只能接受我写的诗里很小的一部分，而这个部分越来越小。”1979年，他送了我一份很私人的礼物：他寄给我一卷录音带，里面是他朗诵的我的诗集《普通语言学》里的诗。那卷录音带在我心中激起了那样深沉的感情，以至于直到今天，我也几乎没让任何人听过它。不过，当我心里难过，怀念往昔的时候，就会把磁带放进录音机，而他那忧郁又从容，将“r”发得独一无二的声音，就会将我安置在记忆那没有时间的永恒中，柏格森（“我年轻时读过柏格森，他对时间的看法令我印象颇深”）也将感情安放在那里。从那时起，我就想，我们得像保存照片或迷恋的物件一样，保存亲爱之人的声音。但照片是扁平的，声音却总留存着生命气息，把我们想念的人更完整地还给我们。

胡里奥送我的第一本书是一本很厚的法语预言手册。我扛着这本大部头从巴黎回来，好奇地想，他为什么偏偏选中这本书。后来我对他的了解逐渐加深，意识到他有一点跟浪漫主义作家和超现实主义者很相像——他们都对隐秘学（我不想管它叫神秘学）很感兴趣，个中原因正是他们不拒绝幻想和谜团，也不拒绝偶然这种命运自我呈现的方式。

自不用说，巴塞罗那也得归为我们毗邻的省份。从1975年起（那年我从去往巴黎的第二次流亡归来）我们最常见面的地点就是巴塞罗那。我们喜欢沿着兰布拉大道散步，逛博物馆、咖啡厅和书店。他住在我家（我得给床尾加把椅子，免得他的长腿伸出床沿），有时也住在哥伦布酒店或者水晶酒店。水晶酒店有家我很喜欢的咖啡厅，名叫“火车”（Il treno），因为它的内部装潢就跟火车一样。（当时他总是抱怨酒店光线太差，夜里不好读书。）我俩吃得都很简单，所以并不特别喜欢去餐厅，但有次加西亚·马尔克斯请我们在雷诺餐厅[1]吃午饭，吃了好几个小时，因为加博[2]倒确实是个老饕。胡里奥和我点了份全熟铁板牛排配炸土豆，马孔多[3]遗憾地看着我们：我们这两个瘦巴巴的波希米亚南美佬，不懂得享受这家餐厅的美馔，况且胡里奥还急着要走，想去米罗基金会，那边正在展览米罗设计的一些器物，把他迷得神魂颠倒：他带着一种童真的快乐与想象去看它们。

胡里奥回忆他1945年第一次来西班牙的经历，那时佛朗哥独裁政权如日中天，他说当时西班牙在他眼里是个悲伤、贫穷、叫人心碎的国家。

我俩认识之后，他第一次来巴塞罗那，让我带他去桂尔公园[4]。"你知道，因为我父亲是外交官的缘故，我碰巧在布鲁塞尔出生，但很快——我两岁的时候——我们就来到了巴塞罗那。你可能会说，我不可能还记得当时的巴塞罗那，但我跟你说，我总是反复做同一个梦，有关城市的梦，我四处旅行，但从没有找到过梦中的城市，我不断寻找，心中殷殷希望有一天能找到。梦中的那座城市有一些很古怪的建筑，漆着明艳的颜色；我在巴黎有本书，是关于高迪的，读的时候我就想到，可能我母亲当年带

[1] 雷诺餐厅（El Reno），巴塞罗那著名餐厅，曾是上流精英云集的场所，于1954年开业，2007年停业。

[2] 加博（Gabo）是哥伦比亚作家加夫列尔·加西亚·马尔克斯（Gabriel García Márquez, 1927—2014）的昵称。

[3] 马孔多（Macondo）是加西亚·马尔克斯小说《百年孤独》（*Cien años de soledad*）里的虚构地名，此处代指加西亚·马尔克斯。

[4] 高迪为巴塞罗那设计的重要建筑景观之一。

我去过桂尔公园，那公园的形状和颜色迷住了我，于是有一部分记忆进到了我的梦里；不管怎么说，克里斯蒂娜，我知道我得用其他城市的碎片来建造那座城市，像拼一幅拼图，所以带我去桂尔公园吧，说不定它就是拼图里的一块碎片。”自然，我们就去了桂尔公园。胡里奥打算避人耳目，跟我们平时在巴塞罗那街头散步时一样，但着实有点困难，鉴于他长得好认，读者又格外热情。我也假装阿根廷人（“我，阿根廷人”[1]是我们乌拉圭人经常用的一个说法，用来从所有的叙述和暗示里把自己摘出去），我的朋友们每次见到我们在一块儿都表现得很谨慎，只在远处打招呼，从不靠近，对此我深表感激。我们头一次去桂尔公园是在一个秋日下午，我们漫步穿过分散的立柱、五彩的马赛克，还有胡里奥喜欢的高迪奇异的几何设计。“他是个克罗诺皮奥。”他断言，尽管我认为他很久以前就知道。胡里奥觉得自己认出了重复的城市之梦里的一些形象，但也确信自己永远无法完整地找到那座城市。不过，这倒是个不断寻找下去的好理由。

我们在英国宫[2]买马球衫。当时只有英国宫才有胡里奥那个尺码的马球衫，于是他足足买了半打，颜色各不相同。我感觉有点奇怪，那还是我头一次陪男人买衣服，不过，我们之间也因此多了一种舒适的亲密。就像逛书店似的。尽管我不知道城里最好的餐厅是哪几家，我俩对此也都不在乎，但我能带他去哥特区的旧书店，还有当时我最喜欢的莱耶书店。几年后，尼加拉瓜革命胜

[1] “我，阿根廷人”（“Yo, argentino”）为阿根廷及乌拉圭俗语，意为“不关我事”。

[2] 英国宫是西班牙的一家大型连锁百货商店。

利，托马斯·博尔赫[1]做了内政部部长，他极端反同，又想当作家，胡里奥便提议，我们俩一起去莱耶书店买书寄给他，因为尼加拉瓜很穷，出版或进口书籍都很困难。胡里奥准备花钱空运满满一大箱书过去。他担心博尔赫和别的什么人发起反同性恋运动，就像之前在古巴一样，最后为男人和女人们，也为革命本身酿成苦果。“他那么粗野又那么大男子主义，”他跟我说起博尔赫，“什么时候都有可能把同性恋赶出尼加拉瓜。他觉得他们会危害革命，我问他为什么，他说因为他们没有固定伴侣。他自己倒是有，一个拉扯着一堆小孩的可怜妻子，他瞒着她在外边偷腥，因为他就是这么个大男子主义的男的，在外边处处留种。我跟你说，克里斯蒂娜，我答应要给他寄满满一箱书，帮我一起挑吧，我要放很多同性恋作家写的书进去，这样到时我去尼加拉瓜，他跟我说很喜欢哪个作家，我就跟他讲：‘没错，你看到了，这作家是个同性恋。’”我觉得这提议好玩得很，于是我俩兴高采烈，开始从莱耶书店的搁板上挑选我们想得起来的所有书，把一只大箱子整个填满。我记得我拿了一卷卡瓦菲斯诗歌全集问他：“胡里奥，卡瓦菲斯也是吗？”他像个孩子似的热情微笑，回答：“对，卡瓦菲斯是，沃尔特·惠特曼也是，还有加西亚·洛尔卡，还有奥斯卡·王尔德，还有莎士比亚，还有曼努埃尔·普伊格，还有塞尔努达。”“他会觉得你才是同性恋。”我大笑着对他说。“娘炮，亲爱的，娘炮：同性恋这个词对他来说太文雅了。说得再准确点，是死娘炮。我

[1] 托马斯·博尔赫（Tomás Borge，1930—2012），尼加拉瓜革命家、作家、政治家，桑迪诺民族解放阵线的创立者之一。

已经开始畅想我告诉他这些作家全是同性恋时他会露出的表情了。我会跟他说，我也是，就像《羊泉村》[1]里一样。”（胡里奥有关古巴的经历很苦涩。他跟其他支持革命的左翼作家一起，设法让卡尔弗特·凯西[2]得到释放。卡尔弗特·凯西是位杰出的古巴小说家，后来流亡到巴黎，但到最后也无法适应流亡生活，不久就自杀了，那些爱他、为他斗争过的朋友为此十分悲痛。胡里奥也努力营救过雷纳尔多·阿雷纳斯[3]，帮助过别的很多人。“我不能公开帮助他们，因为你知道，这件事会被用来抹黑革命。私下介入是更谨慎的选择：在不为人知的情况下，我才能发挥一点影响力。”

当时，胡里奥对尼加拉瓜革命比对古巴革命的期望更高，尽管他从未公开这样表示过。他觉得人们不该重蹈覆辙，因此更频繁地前往尼加拉瓜，将一部分版税收入用来支持塞尔希奥·拉米雷斯和丹尼尔·奥尔特加的政府。我写这本书时已是2000年，或许如今的人会觉得，一位作家拿出一部分收入支持革命事业，实属天真怪异之举：这是一个自恋、个人主义的时代，不再存在共同的事业。胡里奥·科塔萨尔同他的下一代人，也就是我这一代人一样，会以极端道德的眼光看待金钱。“我留点钱买烟和碟就够了。”说这话时他住在雷佩宏路一间公寓里，公寓在三层，没有电梯。像探戈里唱的那样。至于书，他也越来越不需要，因为别

---

[1] 《羊泉村》（*Fuenteovejuna*）是西班牙黄金世纪剧作家洛佩·德·维加的戏剧作品。剧作中，羊泉村村民反抗骑士团长费尔南的暴行，将其杀死，后来法官询问村民凶手为何人，村民众口一词，回答是整个羊泉村杀了费尔南。

[2] 卡尔弗特·凯西（Calvert Casey, 1924—1969），古巴记者、小说家、翻译家。

[3] 雷纳尔多·阿雷纳斯（Reynaldo Arenas, 1943—1990），古巴小说家、剧作家、诗人，因其政见及同性恋身份受到排斥，一度遭到监禁。

人会给他寄一大堆书。那些他不读的书，还有在那间小公寓里放不下的书，他都捐给了一家公立图书馆，后来甚至开始往古巴和尼加拉瓜寄。在买什么东西之前，他会先考虑那两个国家的需要，最后总是得出结论，与其买他很喜欢但并非必需的一件东西，还是把钱捐给医院比较好。(1975年，巴黎一家古董店橱窗前，一只蓝瓶子里的水景。我们一天下楼看它两回，暗暗希望还没人买走。它卖三十个法郎。“三十个法郎，”胡里奥说，“能往古巴寄好多管盘尼西林。”于是我们忧伤地离开。直到有天早上，我终于下定决心。“往古巴寄三十个法郎吧，然后再花三十个法郎买那件瓶中水景。”我对他说。我们进了古董店，宛如两个被东方三王[1]迷住的孩子。他买下了水景，将它放到壁炉上方的搁板上。蓝色的水自动上上下下，绘出催眠的形象。“你有没有在水床上睡过觉？”他问我。“没有，亲爱的，”我对他说，“我不会游泳。”“在水床上做爱应该是个好主意。”他坦白。“问题是万一它破了呢，就跟避孕套破了似的。”我回答。“我最喜欢女人这点，擅长打碎别人的梦。”他着恼地嘟囔。)我们也很爱去加泰罗尼亚音乐宫。我生日那天，胡里奥想方设法出现在了巴塞罗那，他总是出现得很突然，又像是偶然。他买了票，我俩去听蒙特塞拉特·卡巴叶首次公开演唱德国歌剧。唱的是《女武神》，卡巴叶和比尔吉特·尼尔森共同登台，听得我和胡里奥热烈鼓掌。

---

[1] 东方三王(Los Reyes Magos)，基督教传统中对《新约·马太福音》中前来朝拜新生耶稣的几位博士的称呼。在西班牙和某些拉美国家，东方三王扮演着类似圣诞老人的角色，在1月5日夜晚或1月6日将礼物送给孩子们。

你回到巴黎，几天后我收到邮递来的一个小盒子，扎得很结实。我打开，拿出一个手工制作的绿玩偶，模样极可怕，青蛙脸，狗爪子，眼睛像要迸出来。里边还附着胡里奥的一则留言。他写道："几个流亡的智利朋友建了个克罗诺皮奥俱乐部，给我寄了一打这种破布娃娃。别怕啊：看久了甚至有点可爱。他们让我分给我最喜欢的克罗诺皮奥们，所以我就寄了一个给你，你想怎么处理就怎么处理，可以扔到垃圾堆，也可以放到床上枕头边，像个乖孩子一样 —— 你是个很乖很乖的小女孩，幸好刘易斯·卡罗尔已经死了，我可以给你拍照了 —— 你有没有想过克罗诺皮奥会是绿色的？"不，我从来没想过克罗诺皮奥会是绿色的，但我一直都很喜欢那个小玩偶。"那是个克罗诺皮奥还是个吸血鬼？"我给他回信。（你跟吸血鬼一样对大蒜过敏。你在餐厅问服务员 —— 我们拉普拉塔河那片说"伙计" —— "汤里有没有大蒜？"服务员很自豪地回答："有的，先生，有大蒜。""那给我来份沙拉吧。"你说。）

流亡

我写着这本从没想过要写的书，感觉过去才是真实的时间，才是当下的时间，一旦我停下来歇一歇——我已经不抽烟了，胡里奥，连事后烟都不再抽，这一仗好难打，戒烟就像从尼古丁里流亡，一如你的死意味着我从巴黎流亡，甚至在某种程度上，从我驻留的巴塞罗那流亡——就会感觉很陌生，无法返回的恐惧，被困在那些虚构的省份、被困在记忆之中的恐惧袭扰着我们这些作家。记忆是一点点虚构加一点点幻想，但也是那么多个词语，那么多场漫游，那么长的生命里唯一留给我们的东西。

1973年，我在巴黎认识胡里奥·科塔萨尔时，他是一个忧郁的男人。（哪个阅读的人不忧郁，哪个写作的人不忧郁？）他已经自觉是一个流亡者，智利和乌拉圭的军事政变将他骤然浸入与《跳房子》相仿的现实中，最大的区别在于，小说人物能回到布宜诺斯艾利斯，他却不能，就像我同样无法回到蒙得维的亚。有政治的流亡，也有感情的流亡，亦即分离，对后一种流亡而言，并不是非得换一座城市居住。胡里奥·科塔萨尔和他的第一任也是当时的唯一一任妻子，奥罗拉·贝尔纳尔德斯，离婚有一段时间了，但科塔萨尔仍怀着些许悲伤眷念那段已经破裂的婚姻，这种感觉或许他只能向一个女人倾诉。（和男人说话一天比一天难，胡里奥对我说，你跟他们非得谈些什么话题；我还是喜欢和女人交谈，她们有着敏锐的感性，我很看重这点，因为我这一代的男人们自认阳刚，由于一种假模假样的羞耻，无法谈论自身的感情。）离婚是奥罗拉提出的，因为胡里奥在第一次访问古巴期间和乌格内 · 卡尔维利斯[1]有了恋爱关系。那次是菲德尔 · 卡斯特罗邀请他去的，之后胡里奥 · 科塔萨尔就成了一位关心政治的作家。（之前他在阿根廷时也关心政治，但当时他是反庇隆派，这次他站在拉美革命这边，革命之潮向四方扩散，似乎势不可挡。）乌格内 · 卡尔维利斯是个很有吸引力的女人，姿态犹如女武神，她在巴黎生活、工作——做的是文学经纪人兼顾问——还是古巴革命的杰出大使；关于她的美貌和政治勇气有许多传言，但在1973年，她和科塔萨尔的关系已经严重恶化，主要是因为乌格内善妒而又酗酒成性。胡里奥不乐意谈这些问题，但经常能看见他陷入沉默，面露悲伤。我亲身感受过乌格内过火的妒意（她的嫉妒不分性别也不分性取向，对科塔萨尔的男性朋友也一视同仁）。他们不住在一起，尽管胡里奥几乎每晚都在乌格内家过夜。此外，她又是他的文学经纪人。胡里奥希望我跟她认识认识，但也警告我："乌格内很容易吃醋。她会恨你的。你还是别想着在法

[1] 乌格内 · 卡尔维利斯（Ugné Karvelis, 1935—2002），立陶宛作家、文学评论家、外交官，曾在法国伽利玛出版社担任编辑，推动拉美文学在法国的传播，与科塔萨尔曾有恋爱关系，担任他在欧洲的文学经纪人。

国出版了：她肯定会阻挠。”我们见面的那晚十分难熬。胡里奥请我在巴黎看一个著名侏儒剧团（只有主角身高正常）演出的《图兰朵》，我们最爱的歌剧之一。他和乌格内·卡尔维利斯一起露面。两人显然都很不自在，我想胡里奥不得不做出了让步，好避免冲突。我试图安抚乌格内，但我意识到问题根源远在天边，当时我只是它的一个表现。演出前后，他们两个人都没和对方说过一个字，后来到了咖啡厅也依然如故。那天晚上巴黎很冷，剧团成员也躲到咖啡厅里来，这才让胡里奥打起点精神——说实话，也让我高兴了一点——因为他们俩之间的那种紧张情绪一点也不健康。跟所有的抑郁患者一样，我也问了那个不该问自己的问题：我对这个女人做了什么，让她这么恨我？正确的问题应该是：这个女人怎么回事，怎么这么恨我？乌格内是个非常漂亮、女人味十足的女人，胡里奥则是个富有魅力、讨女人们喜欢的男人；性关系上了桌，冲突也随之而至。我知道胡里奥想要缓解乌格内对我的敌意，但他没能成功。过了一段日子，我不得不流亡到巴黎。胡里奥当时正在巴西，悄悄去探望他的母亲。我打电话给乌格内，请她帮我的忙：我是她同一阵线的同志，因为没有文件，被三个国家的外国人警察署追捕。人在巴西的胡里奥让我打电话给她，但乌格内回答得干脆利落：“你有什么问题自己解决。”她这样对我说，随即结束了对话。乌格内什么忙也没有帮，连见我都不乐意；不管怎样，还是要感谢她，让我得到了苦涩的教训：女人的妒意，就算再没有道理，也会胜过团结，胜过政治上的同志情谊。（在流亡中得到的教训总是非常苦涩。但这还不是最糟糕的，最糟的是别人无法学习这些经验。一切都会重演，就像在但丁笔下的地狱圆环里一样。）胡里奥从巴西回来，得知了乌格内的态度，与她大吵一架。他的怒火很冷，很冰，那样深重，用什么都无法缓解。我不知道他们之间发生了什么，他太高尚，不肯告诉我，但从那时起，两人的关系就愈发紧张；为了回避冲突，逃离巴黎，胡里奥开始频繁出行，尽管他很讨厌飞机。逃跑的借口要么是去参会，要么是应邀去某个大学，然而，胡里奥其实是在寻找他所缺乏的爱，是在将越来越危险、冲突越来越多的一段关系撇在身后。“我是个孤独的男人。”他经常对我说。有时，从他的目光，他的脚步里也能看出他的孤独。

我有时幻想胡里奥能和奥罗拉重归于好，虽然他觉得不可能。“人生多转折。”我外婆说过。最终，在科塔萨尔的第二任妻子卡罗尔去世之后，奥罗拉·贝尔纳尔德斯温柔地陪伴了他，成为了他的遗嘱执行人，那时我又想起这句话。我知道，胡里奥，付出的代价太高了，我也很肯定你不会乐意听我这么说，但是，那就像是你们俩彼此和解了一般。

德亚，马略卡岛

巴黎初见后，胡里奥与我又在马略卡岛的德亚城见了面。邀请我们的是巴德·弗拉克尔[1]和克拉丽贝尔·阿莱格里亚[2]，两人都是作家——巴德是美国人，克拉丽贝尔是萨尔瓦多人，但心属尼加拉瓜——育有四个子女。他们流亡到这个小村庄，当时村里住满嬉皮士和各种怪人，有英国诗人罗伯特·格雷夫斯，也有肯尼迪航天中心的一位科学家，这位科学家患了恐电症，不但用蜡烛照明，还无法忍受电动剃须刀。（几年后，我在我的小说《疯人船》里尝试描绘这个村庄和它古怪的居民。）巴德·弗拉克尔是我一生中认识的唯一一个流亡的美国人。他在拉美各国做了很多年使馆随员，最后因为左翼立场被开除，还被禁止回国（此前他拒绝与美国中央情报局合作）。他在岛上购置旧房，亲自装修翻新，再转手卖给外国游客，以此谋生。长期来看，这是桩好生意，但巴德不仅是位杰出的历史学家，更是一个人道主义者，一个心肠

[1] “巴德”（Bud）是美国记者、作家、翻译家达尔文·J.弗拉克尔（Darwin J. Flakoll, 1923—1995）的绰号。

[2] 克拉丽贝尔·阿莱格里亚（Claribel Alegría, 1924—2018），尼加拉瓜-萨尔瓦多作家、诗人。

柔软敏感的男人，因此只赚他维持生活所必需的钱。(他和克拉丽贝尔一起写过一部小说，叫《伊萨尔克的灰烬》，讲的是一场对土著居民的屠杀。小说获得了塞克斯巴拉尔出版社颁发的简明丛书奖。) 胡里奥还没跟奥罗拉离婚的时候，就已经是巴德和克拉丽贝尔的朋友。我们在德亚听音乐、谈政治、回忆中美洲传说的那些夜晚令人沉醉。自从塞尔希奥·拉米雷斯给我寄来一封短笺，我们就一直紧跟着尼加拉瓜革命的动向。那封短笺里写："我去山里了，去做不可能的事：推翻索摩查。"在德亚城巴德和克拉丽贝尔家种满花草的屋顶阳台上，我们大喜过望地庆祝莱昂城被占领，庆祝革命胜利：一个众人抚爱已久的梦想。(这不是个坏消息，胡里奥，在乌拉圭、阿根廷和智利独裁的巨大恐怖中，在那么多的受害者之中，这些可爱的疯子——你总爱这么叫他们——做到了本像是不可能的事，解放尼加拉瓜，在那个彼此碰杯的喜悦之夜——你喜欢叫克拉丽贝尔"铃铛"[1]，这名字最开始是我的朋友丽尔取的——你知道了古巴并不是最后的希望，还有另一种希望，于是我注意到你松了一口气：或许这些可爱的疯子会比其他人少犯些错，或许过去的教训终归有用。)

那时正逢夏日，要去最近的海湾——海的尽头浑然湛蓝，诱人，清凉，甜美——得穿过一条长路，路上全是石头、小石子、灌木、蕨草、巨岩，或按你喜欢的说法，"许许多多的地质意外"。可以确定的是你我对海湾都不大感兴趣，尽管我们喜欢看海，但

[1] 克拉丽贝尔的姓阿莱格里亚（Alegría）有"喜悦"的含义，而"铃铛"在西班牙语里为"cascabel"，和克拉丽贝尔（Claribel）发音相仿。

却讨厌沙子，那儿生了太多的甲虫（“还请我的塞利娜姨妈见谅”，你说），所以当那班子人——我们在布宜诺斯艾利斯和蒙得维的亚的狂欢节上学会了“班子”（troupe）这个可爱的加利西亚词——穿着泳装在沙滩上扎营的时候（那个班子主要由女人组成：克拉丽贝尔、阿利西亚·贝赫伦斯——流亡的乌拉圭人——丽尔·卡斯塔涅特——我的朋友，也是乌拉圭人——巴德、狗、你和我。）我们更愿意坐到唯一一个饮食摊的阴凉处喝杯冷饮。就在这时，《采访》[1]杂志的摄影师用长焦镜头拍了我俩好几张照片，后来他们给这组照片取名，千真万确，叫作《胡里奥·科塔萨尔和乳房》，只因为我把泳装上衣给脱了。杂志里宣称我是你的新情人。我对那些照片很恼火，想起诉他们，你却很有哲理地说：“由他们去吧。他们也得吃饭哪。再说了，我也挺喜欢这样。”

算上狗，海湾里也只有我们几个。但问题不在于下到海滩上。问题在于下午两点往上爬。太阳烤裂石头，悬钩子搔挠小腿，树干纷纷断裂，做老烟枪的那些岁月又在我们——至少是在我和你的身上留下了残余。困境把你的幽默感磨得更锋利，却让我萎靡不振。（“克里斯蒂娜，你不觉得这些正是格林童话里的那种悬钩子吗？我们之前不知道悬钩子在哪里生长，我们的山上只有牧草和忍冬花。”“跟你说吧，我更喜欢忍冬花，因为刚刚有什么扎了我一下，蒙得维的亚人会说是恙螨，因为它看不见，但我觉得好像是株荨麻。”）“这简直是支狩猎旅行队。”胡里奥疲惫地表示。

[1]《采访》（*Interviú*）是一家创办于1976年的西班牙周刊，报道常被认为夸张失实、博人眼球，亦有色情擦边成分。

一队人排列如下：打头的是丽尔·卡斯塔涅特，二十多岁的体育健将，意料之中；第二位是阿利西亚·贝赫伦斯，六十来岁，抽烟，流亡，但丝毫不减灵敏；第三位，克拉丽贝尔，抽烟抽得没那么凶，也做点运动（“我一天爬好几趟家里楼梯。”她说，迎来胡里奥惊异的目光）；再后面是巴德，抽烟，五十多岁，但在二战期间接受过良好训练。落在队尾的，很不幸，是气喘吁吁的我和胡里奥。（“我比你年轻三十岁，但我小时候得过肺结核。”我自我辩护。“你当然会得肺结核啦。你见过哪个好作家小时候没得过肺结核？就算小时候没得，青春期也会得。”胡里奥回答道。）我们没怎么说话，好节省体力。前面的小队走回正路，或者说，走回直线的时候，胡里奥问了我那个关键问题：

“哎，这海湾叫什么名字？”

我累得要死，嘟哝道：

“我哪知道。”

“该叫‘磨难’。”胡里奥说。按西班牙人的讲法，他“挨着路边”，努力稳住整个人近两米高的身躯。

我们又回了德亚几次。

最后一次——我们那时不知道会是最后一次：人生里那些最后一次总是毫无预兆——你已和卡罗尔结了婚，但大部分时间还是我们仨一起度过，美妙的三人组合：巴德，你和我。（“好像《祖与占》。”你说，“但你比让娜·莫罗更漂亮。”“祖与占是谁？”巴德问。在电影上，他还是个门外汉，尽管他听力出众，在二战期间能分辨鲸鱼的言语和敌军潜水艇雷达的声音。“我们跟他解释一下吧？”胡里奥向我提议。“不，美国佬不喜欢三角恋，”我对他说，“再说了，他看的最后一部片子是《小鹿斑比》，都怪沃尔特·迪斯尼，让他自此发展出无可救药的俄狄浦斯情结。”）我们三个几乎一整天都呆在一起，研究老地图，解码中世纪文字，有天你还撞见我在画画。我告诉你，我画的是米歇尔·福柯《疯癫与文明》中疯人船沿多瑙河和莱茵河航行的水道。“画来做什么？”你问我。“我要写部小说。”我对你说，一如往常地守口如瓶，因为你和我都认为，还没写的就不该去谈：一旦说出口就会失去。如果嘴上讲完了，给了它结构、文字、句法，揭示了全部的叙述后藏匿的秘密，人就会丧失兴趣，不愿再写。你没来得及读到《疯人船》，我在你死后不久出版了它，但我知道，你已经通过某种隐蔽的途径读过了。

下午六点钟左右，你离开巴德和克拉丽贝尔家——我在那儿有间房间——去和卡罗尔见面，她正等着你一起去喝杯白兰地，听你们最爱的音乐。场面有种古怪的和谐，我呢，比你年轻太多，还会为人类激情澎湃，觉得她有些沉静，太过冷淡。不过，我也知道，在我们所爱的人身边听音乐，是人生的一大美事。

卡罗尔

你在一封信里告诉我，你恋爱了。你同我讲起对另一个人的爱，这还是头一回，我无比高兴：你似乎满怀希望，心满意足，焕发青春。“等我有空了，我就去巴塞罗那，介绍你和卡罗尔认识。我总跟她说起你，她也读过你的书，我保证，你俩肯定会喜欢对方，成为一对好朋友。”我不愿想象卡罗尔的样子：我认识很多爱着胡里奥的女人，她们都很漂亮，但胡里奥似乎完全不知道他激发了怎样的感情。我只知道卡罗尔在美国出生，但在魁北克生活；她是个作家，结了婚，有个十岁的孩子。如果再添上乌格内·卡尔维利斯的妒意——这次倒不是无中生有——情况就有点复杂了，但我相信爱能改变世界，因此觉得他们能克服一切困难。

的确，不久之后胡里奥给我打了个电话，说卡罗尔和他要来巴塞罗那看我。我还记得，在约定的那个时刻——我们约在一家市中心酒店的咖啡厅——卡罗尔和我从不同方向走来，上前彼此问候、拥抱。她很年轻，留着金色短发，模样柔弱，湛蓝的目光睿智又羞怯。我永远不会忘记我们对彼此说的第一句话。我们拥抱时，我对她说：

“我感谢你给了他应得的爱。”

她则用法国口音很重的西班牙语回答：

“我感谢你从未欺骗他，一直照顾他。”

姐妹情谊就此结下。我终于看见胡里奥露出满足、充满希望的微笑，心里也很高兴。卡罗尔是个低调的伴侣，非常安静，似乎仍为先前做过的决定（离婚，离开儿子）感到有些茫然，但对自身的感情又很确定，很坚持。

“我很幸福，克里斯蒂娜。”胡里奥对我说，而我双手抱头。我并不迷信，但我觉得不该把幸福说出来，否则会招来不幸。

“你闭嘴吧。”我回道，“不要去试探神明。”我有种不妙的预感。某种意义上，我一直期待着奥罗拉和胡里奥能够重归于好。但我也做好了判断失误的准备。况且，那两人之间的柔情，散发出的和谐感，也让我放下心来。

两人结婚几年后，卡罗尔在一趟尼加拉瓜之旅中得了病，似乎是感染了一种无法辨识的奇怪病毒。有次我到巴黎去，和治疗卡罗尔的血液学家，同时也是胡里奥的一位好朋友聊天。他对我说，卡罗尔得了一种未知的重病，他们全力救治，但还是治不好她。有时她得接受隔离，以防机会性感染趁虚而入，也为了避免传染。胡里奥十分痛苦，但也表现得很坚强。我想，他从没想过卡罗尔可能会死，她比他年轻那么多。“按理说，克里斯蒂娜，也应该是我死，不该是她呀。”他两眼泪汪汪地对我说。我从巴塞罗那给卡罗尔写的最后一封信寄到的时候，她已经去世。胡里奥不想让我去巴黎陪他。“在巴塞罗那等我，我过去。”他通知我。实际上，他很快就来找我了。我吓坏了。我觉得胡里奥没法接受卡罗尔的死，而他这样到各地拜访朋友其实是一种告别：我怀疑他想要自杀。于是在水晶酒店咖啡厅，那家和从前一样装饰着拼成列车形状的钟表零件的咖啡厅，我责备地对他说：

“你在预备你自己的葬礼。你在和你的朋友们告别，好去自杀。”

他看着我，眼神温柔，像他一贯爱做的那样握住我的手，说：

“不，克里斯蒂娜。我痛苦极了，可是我不会去自杀。我憎恶死亡。我感到一种可怕的孤独，我在马尔泰勒街上为卡罗尔和我自己买的那栋房子在我头顶坍塌，所以我才出来旅行。我知道，现在我只剩我的朋友们了，幸好我的朋友们都很好。你就很好。”

他的回答让我安心了一点儿，但我还是很害怕。我记得巴列霍的那句诗：“生活里有那么强的打击，就像是上帝的憎恨。”我引用了这句诗。胡里奥忧伤地看着我。

“你知道吗？卡罗尔去世几天后，我拿起电话，听见一则语音留言。是奥内蒂发来的。他说：‘天上那家伙真是狗娘养的。’”

丽尔和我努力逗他开心，安慰他，他则表现得温良驯顺。梅塞德斯·米拉[1]邀请他上一档受众广泛的电视节目，他那时已感觉自己生了病，却仍答应出席，条件是只谈尼加拉瓜的话题。我还记得，电视台派来一辆豪车，配上一位貌美如花的女接待员，送我们去节目现场。女接待员迫不及待想认识科塔萨尔。途中她

[1] 梅塞德斯·米拉（Mercedes Milá, 1951—），西班牙电视台主持人，曾采访众多西班牙和拉美知名作家。

交给科塔萨尔一枚卡地亚金打火机，是节目的赠礼。胡里奥掂了掂，又看了看，对我说："你觉得我像那种拿卡地亚金火机点吉普赛人牌香烟的人吗？"我回答他："你不是那种人，但你也别看我，我也不是那种用卡地亚金火机点烟的女人。"于是胡里奥十足和蔼地走向女接待员，分外谦卑地问她，愿不愿意从他手上接受一份礼物：那个金打火机。女接待员大惑不解，但还是收下了。

不久之后，巴黎的拉美之家[1]请我去和胡里奥·科塔萨尔对谈。我俩用西班牙语朗读各自的短篇故事，而我们共同的译者，劳雷·巴泰隆，则朗读故事的法语译本。（你读了《克罗诺皮奥与法玛的故事》中有关掌纹的一段，而我则朗诵了《孩子们的反叛》[2]中的一篇故事——《石莼》。）

听众超出了举办场地的容纳能力（"容量"，胡里奥缓缓提示道），因此他们在楼梯上，甚至在大楼面前的树上都安装了扬声器。现场有很多女性：我们已进入了女性阅读的时代。那是我第一次和科塔萨尔一起在公众面前朗读，但场面并不怎么庄严肃穆，我们都非常排斥严肃场合。空气中弥漫着一种同谋与同志情谊的氛围，大家共同追求着共同的享受。归根结底，我们这些聚在这里的人都是"六八年一代"的幸存者，仍保留着某些道德价值，保留着一种更公正、更自由的生活观。（"我们朗诵完之后，"胡里奥先前拜托我，"一起去跟你的女友们吃饭吧。只邀请女人。

---

[1] 拉美之家（Masion de L'Amerique Latine）是巴黎六区的一间文化中心，1946年由法国外交部建立，旨在推动法国与拉美国家之间的文化、经济和外交交流。

[2] 塞克斯巴拉尔（Seix Barral）出版社1984年版。之后亦有其他版本出版。——作者注

我在男人旁边越来越不自在。”）卡罗尔去世了，胡里奥的男女读者们都想让他感觉到自己的关心，而他克制又缓慢地朗读着，将“r”发得独具一格，这发音或许是他在布鲁塞尔牙牙学语时习得的，从此一直伴随着他。他读得情感洋溢，动人心弦，但一刻也没有流露出感伤与悲哀。我们刚认识时，我责备过他，不该把读者分成“雄性读者”和“雌性读者”；“雄性读者”当然指的是他面向的那些主动的读者。

“这是很不公正的性别歧视。”我对他说，“而且很奇怪，偏偏从你嘴里说出来，你可是读科林·特利亚多和八卦杂志的人哪（你大概永远也不会向你的男性朋友们坦白吧）。况且，你的读者大部分都是女人，她们未必就是被动的读者：她们很专业，也豁出了性命，为和你一样的理想而斗争。”

他很后悔说过那样的话。

“我犯了错，克里斯蒂娜。”他对我说，“我那一代人很大男子主义，我当时那么说，呼应的是一套反动落后的文化规则。理想化男性，代价是牺牲女性。但你知道我改正了，现在我是个全新的男人了，也就是说，是半个女人。”

“光是忏悔可不够，还得要悔过。慈母圣教会是这么说的。”我笑着答他，“不管怎样，在你的同类之间，也就是说，在你的那些拉美同行之间，你就是贝蒂·弗里丹[1]了。”

他拜托我在朗诵后安排一场只有女人的晚餐，我也很乐于把

---

[1] 贝蒂·弗里丹（Betty Friedman, 1921—2006），美国女性主义理论家、活动家，代表作为《女性的奥秘》（*The Feminine Mystique*）。

一群爱他、欣赏他、理解他的女性朋友聚在一起。我邀请了克拉丽贝尔·阿莱格里亚，还有她美丽聪慧的一对双胞胎女儿，她们现在在巴黎生活、工作；我邀请了安娜·贝丘，一位阿根廷女诗人，当时也住在巴黎；还有弗朗索瓦·坎波斯·提马尔，她是法国人，但在蒙得维的亚生活过，还在那里有过一段情，现在她和一位医生，也就是那位治疗胡里奥和卡罗尔的血液学专家结了婚。弗朗索瓦貌美绝伦，文雅聪慧，讲两种语言，她翻译过科塔萨尔和我的一些作品，还主持着一档文学电台节目，努力用她热情的声音传播拉美作家的作品。有次她和我谈及她的情史：还是一个年轻的女演员时，她跟着一个法国剧团到了蒙得维的亚，在那儿爱上了一个乌拉圭音乐家兼作家。他很穷，跟所有的艺术家一样。（他姓坎波多尼科：为了纪念他，她在签名里保留了“坎波斯”这个姓。）他们生了个女儿，但他没多久就死于癌症，她孤身一人，又没有工作，只好回到巴黎，但心中仍留存着对蒙得维的亚、蒙得维的亚人，还有她留在那儿的朋友们的热爱。在拉美各国建立独裁政权的那段黑暗岁月中，弗朗索瓦与流亡者们合作，同他们一起受苦，一起斗争。晚餐安排在巴黎一家餐厅，气氛亲切、欢乐、愉快、甜美。我坐在胡里奥身边——我让弗朗索瓦·坎波斯坐在右侧——感觉他虽然为卡罗尔去世而深深悲痛，但仍保有享受快乐的能力。凌晨一点，我们一起走回马尔泰勒街的房子。我不喜欢那栋房子。实际上，我打从一开始就不喜欢。科塔萨尔买下了这栋房子，为了跟卡罗尔一起住得更舒服。当时我就很不喜欢。不是建筑结构上的问题，是气氛的问题。“问题是她不在了，而且，很容易发觉她已经不在了。”胡里奥后来对我说，一边给我看一张可怕的照片。是个阿根廷艺术家拍的，照片里胡里奥的胡子和一只黑猫的脑袋连成一片。他对那照片特别得意。“看不出来猫从哪儿开始，我在哪儿结束。”他评论道。我不喜欢那房子，我不喜欢那猫，我也不喜欢胡里奥和猫的那张照片。那是我们最后一次在巴黎相见。

诗歌

1977年，胡里奥从巴黎寄来一封信，里面附上了一系列献给我的诗：题目依次是《给克莉斯的五首诗》《给克莉斯的另外五首诗》《给克莉斯的最后五首诗》。(克莉斯是他有时喊我的小名。）坦白讲，刚读到这些诗的时候，我惊得哑口无言。我是个诗人，现在却被当成缪斯，当成客体对待，这角色的变换有点打乱我的身份认同。但身份也只是我们对自身的习俗惯例的命名。“小东西，”他在信里写，“我知道你会对这些诗手下留情，它们唯一的罪过就是被写了出来；但或许我别无选择，我写不出我本想写的东西。不过，这些诗是我欠你的，就像我欠你其他很多很多，我知道你会原谅我，知道你读的时候会半带微笑，满怀温柔和理解，因为你能读到词语背后的层面，真正的文本其实在那里。”

我读了那些诗，很激动，我既排斥它们，又无限珍爱它们，我从没给任何人看过这些诗，我既感到不适，又觉得很亲切，讨厌的胡里奥，你为什么非得选我，一个感伤的人，一个浪漫主义者，来做你痛苦的对象？（我从来不想做你的巴托里伯爵夫人[1]。还有呢：你和阿莱杭德娜·皮扎尼克都写过巴托里伯爵夫人，我对你俩都很恼火。我不喜欢伯爵夫人，尤其不喜欢血腥的伯爵夫人[2]。我把那些诗放到抽屉深处，但没能成功忘掉它们。我足够清醒，知道那些都是好诗，是他写过的最好的诗，而且，我告诉过你，性挫败是升华之源，你也很熟悉威廉·布莱克的诗。"这个故事由你来讲"是我们最爱玩的一个游戏：我跟他讲一则我觉得很适合他的轶事，他跟我讲他从别处听来，觉得很适合我的故事。

过了一阵子，你请求我允许你出版那些诗，我自然答应了。那些诗收录在诗集《除却黄昏》（*Salvo el crepúsculo*）[3]里。诗集由一系列诗歌和散文文本构成，颇具自传色彩，再次展现了一个最好的科塔萨尔，幽默、戏谑。（"难以相信十二年前/我就满了整整五十岁。/我十二年前/怎么会这么老？"[……]"烟草和威士忌在我的身体里/散步，它们喜欢/与我相处。"）他坦然无愧地拾起一些布宜诺斯艾利斯的传统题材（《悲伤成狂》是首讽刺诗，理解它的关键是要弄清楚，"悲伤成狂"是拉普拉塔河流域最脍炙人口的一首探戈里的歌词），进行了一番明晰的思考："我不知道爵士乐歌词在多大程度上影响了北美诗人，但对我们来说，每当我们书写悲伤，每当心中下起小雨，每当用吸管喝马黛茶喝到一半

[1] 巴托里伯爵夫人（Condesa Báthory）原名巴托里·伊丽莎白（Báthory Erzsébet, 1560—1614），是匈牙利的一位伯爵夫人，生前曾大量虐待杀害年轻女性，留下了"血腥伯爵夫人"的名声。

[2] 阿莱杭德娜·皮扎尼克写过散文诗《血腥的伯爵夫人》（*La condesa sangrienta*）。——作者注

[3] 马德里阿尔法瓜拉出版社1984年出版。译者注：诗集题目取自松尾芭蕉"秋日黄昏此路无行人"一句的西班牙语译文。——作者注

堵住，探戈就会讥诮地将我们包围。”（顺便一提，你和我从不喝马黛茶，我不知道你会不会跟别人喝，但你看起来并不像喝很多马黛茶的人：我觉得应该只是个文学象征。）你写给我的那些诗没有题目，只有编号。在十五首里的第一首中，他回忆起我们相遇时他大致的年纪，引用但丁写在《神曲》开头的著名诗句。（“已经远远过了/我们生命的中途。”[1]胡里奥写道。）

有些诗里，他援引一些神话形象：阿里阿德涅、塞赫麦特的女祭司、米诺陶或独角兽。我或者作为僭越者，或者作为女主人出现（支配着一位在鞭子下呻吟的幸运的特伊西亚斯[2]）。所有的诗歌都是变形，都是深层驱力的象征，都是理解那些总是逃离我们掌握的事物，理解我们的欲望客体的方式。不久后，我写信给他：

我不能原谅你的是，最后一组诗里的第三首。开头十分精彩：“有时我认为我们能/消弭彼此的不同。”我记得圣埃克絮佩里说过：“爱/不是看着爱人/而是两人看向同一个方向。”我不能原谅你，因为你写了一首这么伟大的诗，结尾却是：“但他从未怀疑会有许多次/两人着迷地看向同一个女人/而那绝妙的、幸福的定义/灰扑扑人偶

---

[1] 科塔萨尔写的是“已经远远过了/我们生命的中途”（Ya mucho más allá del mezzo camin di nostra vita），改写了但丁《神曲》的第一句“在我们人生旅途的中途”（Nel mezzo del cammin di nostra vita）。

[2] 特伊西亚斯（Tiresias），古希腊神话中忒拜城的盲眼预言家，在某些版本的神话中曾在男性和女性之间变换性别。

一般倒地。”不只是因为我不喜欢最后那个比喻——你本可以写，比如说，如纸老虎一般倒地，如纸牌屋一般倒地——更因为，胡里奥，我俩从来没有用同样的方式看过一个女人，原因很简单，你是男人，我是女人，两个性和性别都不同的人不可能用同样的方式看同一个东西，那是种幻觉。

他的回信很简洁：“至少让我保持这个幻觉吧。”

我没给你写过诗。其实如今想想，在你生前，除了我纯粹出于经济动机（流亡造成的贫穷）给你做过，后来在西班牙发表的一次访谈之外，我从来没有公开写到过你。我给你寄信，兴致勃勃一如打开信箱，发现箱中尽是邮票各异的信封的时候（我收集船。图案是船只、三桅帆船、独木舟、游轮、小艇，或任何滑过水面的壳状物的邮票）。我一眼认出你打字机的字样，心快乐得像要跳出来。直到发生那件怪事。你不觉得奇怪，我却被弄得很不安，很困惑。一个平平无奇的上午，我下到我在巴塞罗那住的那栋楼的门厅，找我早上的信件。你和我，我们谈论过许多次，收到意想不到的信件是多么快乐，陌生男女读者们的来信，迷失在流亡的黄沙与海岸上的朋友们的来信。（你每封必回：你有一种道德上的顾虑，知道每封信都是存在之海的漂流瓶里封存的讯息。）那天打开信箱时，我看见一大堆装饰着红蓝短线的白信封，都是国际信件。我一边等电梯，一边翻信封，想靠字母辨认出寄信人。突然，在信封堆里，出现了一封怪异至极的信。它外表跟其他信一样，地址处却用印刷字体写着：胡里奥 · 科塔萨尔，雷佩宏路9号，巴黎，法国。我把信封翻过来，想找寄件人，但并没有写。我又看了一次信封：邮票是英国的，伊丽莎白女王永恒的肖像，如今中间装点一条金饰带。一封从英国伦敦寄给你的信，怎么会跑到我西班牙巴塞罗那的信箱里来？那封信从北方海雾里出发，来到地中海天空下，经过多少双手，才正好落进我的信箱？邮递员呢？那个邮递员总抱怨我收的信太多，还向我索要重复的邮票，他在自己的信件袋里发现一封寄给法国巴黎雷佩宏路9号的胡里奥 · 科塔萨尔的信就不觉得奇怪？他把信塞进邮编08016的巴塞罗那加里戈广场8号8层2号，就没产生过丝毫怀疑？我扑向电话，打给你。

“胡里奥，”我对你说，“我刚收到一封从伦敦寄给你的信。千真万确，信封上面写着‘胡里奥 · 科塔萨尔’，邮递员却塞进了我巴塞罗那的邮箱。”

你听着，无动于衷得令人不快。就算面对这世上最离奇的东西，你也是这么无动于衷。

“你有邮票还是没有？”你十分纯真地问。

“哎，”我对你说，“如果是你在开玩笑，那我一点也不觉得好笑，我不知道你记不记得，我刚刚隐姓埋名了三个月，因为我没有文件，乌拉圭独裁政府收回了我的护照，西班牙的外国人事务署想把我驱逐出去……”

“那我是怎么让一封本应寄到巴黎，寄给我的信，寄到住在加里戈广场的你那儿的呢？”你合情合理地回答。

“我也想知道！”我紧张兮兮地大喊，“我想知道一封从伦敦寄给你的信怎么就寄到了巴塞罗那我这里……”

“你最好打开读一读。”你建议，“估计也没什么有趣的。情报机构都挺蠢，总是搞混信件。你和我的通信都受到管控，你应该也想得到；他们只是打开了信，读了，但没扔进巴黎的袋子，而是扔进了巴塞罗那的袋子。”我觉得这个解释说得通，但还差一点：为什么情报机构会正好把给你的信错送到我的信箱？他们本可能送到任何一个人的信箱里。我打开信。是英国杂志《查禁目录》（*Index on Censorship*）寄来的，他们致力于反对针对知识分子和艺术家的迫害和审查，此次写信是为了感谢你的合作。我最近也为他们写过一篇文章。

“看到了吧？”你说，“那份杂志的信件，你和我的信件，都受到管控。是间谍犯了错，他们也是人。”

“但我的邮递员呢，我的邮递员就不觉得奇怪吗？”

“你的邮递员高兴得很，你有张中央装点金饰带的七便士伊丽莎白女王邮票，明天就会送给他。”胡里奥说。

我把邮票送给了邮递员。如果他管着我的信，最好还是哄他高兴。

有时我在你寄给我的那些磁带里听你的声音和话语，记起我最珍爱的一些东西：你烟斗的烟草味（我试过换烟斗，失败了，只想扔下烟斗去吸根好烟），你蓝眼睛里的忧郁，你总是有些短的灯芯绒裤子，你发“可——呃呃呃——怕”（terrrrrrrible）这个词的口音，还有唱着《戏剧》的玛丽亚·贝萨尼亚[1]。我已经不再收集万花筒——或许因为陶醉地注视那些形状与颜色的你已经不在——我还有种感觉，你不会喜欢世界现在的样子，你会有好多话要对它说，嘴上挂着戏谑的微笑，不停提起你的塞莉亚姨妈，幸好她不在这里，反驳不了你。同时我也想，你不会对任何事情感到后悔，因为你向来公正，有一颗宽广的心灵——如鲁尔福所说——因此也得造一个大大的身体来装它。

对一个作家来讲，最难的是著作等身。你呢，不得不为此长得很高很高。

——于巴塞罗那，2000年10月

[1] 玛丽亚·贝萨尼亚（Maria Bethânia, 1946—），巴西创作型歌手。《戏剧》（*Drama*）是她的代表歌曲之一。

le puede corregir, a uno mayor, no

buenas ideas hay en los escritores menores

tantos fracasos aprovechables; a

era mortal, y prefería recordarlo vivo, e

mente joven (bromeábamos, a veces, s

su aspecto juvenil, como Dorian Gray.

que yo no me voy a despertar un día convertido en un anci

decrép

asqueroso, decías, sonriente y conv

convencido), sano, viajero, a veces un poco melancólico (la literatura es c

e melancólicos: hice esa anota

en una servilleta en la cafetería La Puñalada, de Barcelo

de Julio Cortázar. No est

emos tanto a Julio

fui al entierro de Julio Cortázar. No estoy en la foto.

Julio. No fui al ent

no. Queremos tanto a Julio

Cuántas veces, Julio, habíamos recordado juntos aquellos versos de César Vallejo: Me moriré en París c

ero, un día del cual tengo ya el recuerdo. No quis

mos, a veces, sobre su aspecto juvenil, como Dorian Gray. Sólo que yo no me voy a despertar un día convertido en un anciano

épito y asqueroso, decías, sonrien

era mortal, y prefería recordarlo vivo, enteramente joven (brom

tes. Aborrezco la muerte y los ritos funerarios. Había otr

e corregir, a uno m

los superv

juntos

llos versos de César Vallejo: Me moriré en París con aguacero, un día del cual tengo ya el recuerdo. No quise compartir la dudosa c

rtir la dudosa complicidad de los prec

licidad de

mañana de febrero de

ente vivos

numerosas fotos que se hicieron después de su muerte, una lluviosa mañana de febrero de 1984. Cuántas vece

vientes. Aborrezco la muerte y los

o de 1

Me moriré en París con

de César V

de los supervivientes, de los precariamente vivos,

juntos aquellos versos de César V

precariamente vivos, de los supervivientes.

Cuántas veces, Julio, habíamos recordado juntos aquellos versos de César V

rezco la muerte y

Cortázar. No estoy en la foto.

o quise compartir la dudosa complicidad de los precariamente vivos, de los su

oy en la foto. En las numerosas fotos que se hicieron
lona? Me gusta
menores que los mayores, Cristina, porque un gran escritor, un
espeare, un Cervantes,
en una calle de París o de
co a las seis de la tarde de otoño, en una calle de París o de
pués de su muerte una lluviosa mañana
y me devolvió la servilleta: ¿Quién no es un poco melancó
y me devolvió la servilleta: ¿Quién no es un poco me
lona? Me gustan más los
debajo, y me devolvió la servilleta: ¿Quién no es un poco melancó
alle de París o d
ra razón profunda: me negaba a aceptar que Ju
de la tarde de otoño, en una calle de París o de Barcelona? Me gustan m
las seis de la tarde de otoño, en
Queremos tanto a Julio. No fui al entierro de Julio C
menor siempre se le puede corregir, a uno mayor, no.
brero de 1984. Cuántas veces, Ju
habíamos recordado
complicidad de los precaria
un poco melancólico (la literatura
cambio, cuántas buenas ideas hay en los escritores menores
convencido), sano, viajero, a veces un poco melancólico (la literatura
Quién no es un poco melancólico a las
y me devolvió la servilleta: ¿Quién no es un poco melancólico a la
cuántos fracasos aprovechables; a un e
hay en los escritores menores
Respondió, de
ar. No estoy en la foto. En
numerosas fotos que se hicieron después de su muerte, una llu
un Shakespeare, un Cervantes
Cristina. Porque un gran escritor, un
épito y asqueroso, decías, sonriente y convencido), sano, viajero, a veces un poco melancó
inspiran: están ahí, perfectos, sólo se les puede admirar. En cambio, cuántas buenas
puñalada, de Barcelona. Respondió, de
ra mortal, y prefería recordarlo vivo, enteramente joven
hice esa anotación en una servilleta en la cafeter
cólicos: hice esa anotación en una servilleta
despertar un día convertido en un anciano
mo Dorian Gray. Sólo que yo no me v
compartir la dudosa compli
eptar que Ju

第二部分

致彼岸的胡里奥

给克莉斯的情诗

胡里奥去世几天后，我接到阿根廷教师海梅 · 阿拉斯拉基[1]的电话。他正好在巴塞罗那停留，想跟我见面聊聊天。我知道他在某所北美大学教书，现在应邀来到巴塞罗那自治大学。胡里奥有次和我谈起过他，并不是什么好话。我想不出他为什么要约我见面。

我们在一家市中心的咖啡馆见面。他是个高个子金发男人，装模作样得很，以一种近乎滑稽的方式模仿着胡里奥的言谈举止，一下就让我很讨厌。“我还是喜欢原版的。”我想。他做的第一件事也很败好感：送给我一张胡里奥新坟的照片。一张墓碑的照片。这个陌生人为什么觉得我会想要一张坟墓的照片？要我说，对一个像我这样拒绝接受胡里奥的死，仍觉得他活在世上的人，一个像我这样厌恶传统葬礼的人，他做出了最糟的事。我低头扫了眼照片，对他说：“我不想要。”紧接着他就说，我没出现在葬礼上，让他觉得很奇怪。我不打算向一个陌生人解释，一个每时每刻都

[1] 海梅 · 阿拉斯拉基（Jaime Alazraki，1934 — 2014），阿根廷文学评论家。

在模仿胡里奥的言行举止，看起来并不为他的死伤心的人。

他对我说，是诗人兼教授萨乌尔·尤尔凯维奇[1]叫他来的。萨乌尔和奥罗拉·贝尔纳尔德斯一样，都是胡里奥·科塔萨尔的遗嘱执行人，负责处理他的文学遗产。萨乌尔和胡里奥在巴黎是多年好友，胡里奥也给我讲过萨乌尔生活里的一些大事。我和萨乌尔本人来往不多，这些年就通过一两次信。

很快，总是模仿着胡里奥口音（包括拖长的“r”）和手势的阿拉斯拉基开始谈论他和萨乌尔两人筹划的一项工作：收集胡里奥撰写的诸多信件，挑选其中富有文学价值的一部分出版。我当时就很排斥。我模糊地记起哈姆雷特对父亲去世而母亲立即结婚的评语：“葬礼的甜点是婚礼的开胃菜。”（我翻译得不好。）这个模仿者，这个假冒胡里奥的赝品，怎么敢认为胡里奥已经死了，收集起他的信来？他大概感觉到了我的排斥，开始谈论美国的文学研究多么严肃，伊比利亚国家则不然，我们没有系统的研究，也没有做调查的习惯。最后他抛出他的提议：萨乌尔和他认为胡里奥的信大部分都在我手里，希望我能交给他们，让他们完成收集的任务。

没有比这更讨厌的请求了。我感觉很恼火。为什么他们觉得胡里奥尸骨已寒，是时候刨出他的书信了？更何况，为什么不是萨乌尔或者奥罗拉本人告诉我这个项目，为什么不是他们来向我

[1] 萨乌尔·尤尔凯维奇（Saúl Yurkievitch, 1932—2005），阿根廷诗人、文学评论家，科塔萨尔的好友。科塔萨尔去世前将自己未出版过的作品托付给尤尔凯维奇夫妇，请他们“保存，出版或焚毁”这些作品。科塔萨尔去世之后，两人出版了科塔萨尔的《测验》《安德烈斯·法瓦日记》等作品，并将其书信汇编出版。

索要我这些年收到的信？如果是他们，我虽然也不会就这么答应，但至少会放心一些。而且，胡里奥某封信里的一段话能证明，我对出版我们之间亲密通信的这种抵触不无道理。是的，1981年7月12日，胡里奥·科塔萨尔和妻子卡罗尔·邓洛普在普罗旺斯的艾克斯城度假，从那里给我寄来一封信，信中写道："我们在艾克斯郊外租了朋友的一栋房子，在圣维克多山附近，身处塞尚笔下的风景；我们过得很舒服，周围巨松环绕，卡罗尔做完了一份翻译，准备继续写她在从美国回来的船上开了头的小说，我呢，白天处理迟到的信件（有几公斤呢），还在编一本书。我想把以前和没那么以前写的诗放进去，中间穿插夹杂散文和评论，以及在这已有四十页篇幅的愉快旅途中冒出来的一切。你能允许我把献给你的诗收录进去吗，还是最好不要？不该浑不在意地把私底下书写、寄出的文字发表出去，虽然有很多人这样做。所以我才这样问你。那些诗一文不值，却是我的一部分，我很钟爱它们。"

我立即回了信。"亲爱的胡里奥：你写给我的那些诗，是你一生中写得最好的诗，它们当然属于你而不是我，尽管你慷慨而殷勤地把它们寄给了我。既然那些诗是你的，你发表它们并不需要我的允许。"

他说的自然是《给克莉斯的五首诗》《给克莉斯的另外五首诗》《给克莉斯的最后五首诗》，都收录在他去世后于1984年出版的诗集《除却黄昏》中。我认为在许多年间，这本书的重要性都被他的去世掩盖了。此外，夹杂散文和诗歌的形式也把文学评论界搞糊涂了；众所周知，小说评论家不读诗歌，诗歌批评家不读小说。编辑也是一样。有些编辑坦白自己“不懂”诗歌，好像诗歌是代数还是三角学似的。只要能读会写就可以看小说，相反，诗歌这种在最少的单词里表达最丰富意涵的形式是一种精神活动，稍稍要求更多的注意力，更高的神经水平。没有人读诗是为了娱乐或者打发时间。评论家又喜欢给作者分门别类。对评论家而言，科塔萨尔就是个小说家，他们不想再检查分类是否正确。（也有例外。2014年5月6日，在一场巴塞罗那大学的梅塞德斯·塞尔纳教授组织举办、由我做开幕演讲的纪念活动中，我们分析了胡里奥·科塔萨尔的诗歌作品，承认了它们的价值。）

那十五首情诗由W.B.叶芝《自传》（*Autobiography*）中的一句开头。胡里奥和我都很崇拜叶芝。那句引言是“我很忧郁，因为我没能写出更多更好的诗行”。科塔萨尔也会赞同这坦白。时间证明这些诗精彩绝伦，毫无疑问，是他写过的最好的诗。它们诞生自性欲未被满足的忧郁中，又将挫败升华为了美。胡里奥回忆，我们的相遇“已经远远过了/我们生命的中途”——这两句来自但丁《神曲》的开头——他将缺少“泡沫、床单与大腿”的哀叹转化为爱的疆域，“智性胜过神秘的迷宫/或许能在其中/缓慢地获得幸福/无需癫狂的阿里阿德涅的线/也无需泡沫、床单或大腿。”确实，我们认识的时候，他的人生已过大半，我则比他小上近三十岁。我从不相信年龄的差异真和人生的年表有关。科塔萨尔去世时很年轻，还没能变老，因此他永葆青春。我也一样，尽管如今已到了他的年纪，我也没有衰老，即便超过了他的岁数，我也不会衰老：好奇心和欲望永远年轻。

他的诗中虽然有未能满足的性欲，但却没有痛苦，只有忧郁，而忧郁正是诗歌的源泉，正如玛格丽特·阿特伍德所说（“诗歌诞生自我们大脑中的忧郁部分”）。有些诗句体现了胡里奥对欲望的明察：“我想我不爱你/我只是爱/显然不可能爱你这件事/就像左手/爱上住在右边的/那一只手套。”“最好的诗诞生自不被满足的欲望——不被满足的爱。”我在给你的一封回信里写道。

尽管这十五首诗里有线索指向了诗中克莉斯的身份，但我装作鸵鸟，藏起信息。胡里奥和我之间的关系如此亲密，如此美妙，我根本不愿去解释，去答问，虽然在他和我的朋友圈里——我们的朋友并非同一批人——这并不是秘密。对顽固而残酷地憎恨着我的乌格内·卡尔维利斯来说也不是。

2000年，我亲爱的朋友，作家努里娅·阿马特[1]，建议我为她主编的丛书写一本关于胡里奥·科塔萨尔的书。她不想要一本传记——我也没想过要写一本传记——她想要的是让我写一写我们关系的编年史。一开始我拒绝了。我不想回忆我已经失去，仍在令我悲伤的东西。但另一方面，我又很清楚，写作是一种挽回的方式，一种在面对死亡和消逝时去拯救的方式。“我写作以对抗短暂，对抗易逝，对抗匆促。”二十六岁时，我在《恐慌迹象》的前言里这样宣布。如今我依然如故。我如此热爱生命——它残酷的美丽——以至于每当我抓不住埃斯特角城或圣玛丽亚港的暮

---

[1] 努里娅·阿马特（Nuria Amat, 1950—），西班牙作家，以西班牙语和加泰罗尼亚语写作。佩里·罗西2001年出版的《胡里奥·科塔萨尔》（*Julio Cortázar*）属于努里娅·阿马特主编的“文学生涯”（Vidas literarias）系列丛书，收录本书的第一部分及若干科塔萨尔作品选段。

光，每当我错失某人朝我投来的心照不宣的一眼，每当我做爱达到高潮，我都会感到痛苦。写作即是保护，即是留存。因此，尽管害怕回忆同胡里奥的关系会让我痛苦，我最终还是答应了她，写下了我的证言。我知道我会忘掉很多事，但如果不写，我会忘得更快。于是，我写下了这本书的第一部分，也就是现在题为《胡里奥·科塔萨尔，大克罗诺皮奥》的部分。最令我愤怒的是胡里奥去世前受的那些罪，他死于在一次致命的输血中传染上的一种当时无法诊断的疾病——艾滋病。我想，要不是无意间染上那种逆转录酶病毒，他生命中剩下的岁月本不会被窃走。我不愿意接受这件事：死亡总是设法震惊我们，欺骗我们，嘲弄我们。

关于胡里奥·科塔萨尔疾病的发端，我有一封他 1981 年 10 月 10 日寄给我的信，信中他向我详述了他身上发生的事情："你让我谈谈我的病痛，那我就谈谈吧，尽管不大情愿，但我还是听你的。"他说。接着，他详细地描述了一次极其严重，按他的话说，"阴险隐蔽的"大出血。之后他又补充："查不出出血的原因，血继续欢快地流，于是第三天，他们切开我的腹部，寻找溃疡，幸好并没有找到；后来他们推断可能是阿司匹林服用过量（……）因祸得福，后来又发现，正常人白细胞数量最多 13000，我却有 130000，是不是挺夸张的。一开始自然担心是白血病，但很快他们又抛弃了这一假设，继续寻找白细胞增殖的原因，我就不跟你描述插得到处都是的那些针啊，鼻导管啊，纤维镜啊，支气管镜之类的了，那些设备简直能拿去拍恐怖片。"

自他去世以后已过了很多年：我知道这点，因为不时有人要我写些纪念他的文章，我确实也写了，就当是另一次谈论他和他作品的机会。但按先后顺序计量时间是件蠢事，这样计量的时间和内心的主观真实毫无关系。胡里奥比大部分我认识的人都要鲜活太多。我终于理解了他对我说过的最神秘的一句话："我永生不死。"不久前，一位北美科学家质疑了我们对死亡的传统观念。医学惯例其实是将一个人停止呼吸视为死亡的标志。但那位科学家认为，如果存在多重现实，如果并不只有一种时间，而是同时存在多种时间，而且，如果我们只能观测到整体的一小部分（如同那些只能看见黑白两色的动物），那么，或许我们称作死亡的只是另一个阶段，与生命不同的阶段，我们现在还无法理解其意义。你就在那儿，胡里奥，我可怜的人类感官无法理解那个阶段，但你就在那儿。以另一种方式存在。我喜欢你以前存在的方式，也喜欢这另一种方式。

以下是我在他的肉身消逝后发表的一些篇章。

克莉斯致胡里奥·科塔萨尔的信

巴塞罗那，1983年10月17日，星期一

我亲爱的长腿：

我“在午夜的刃上”开始给你写信，像上世纪小说的说法，又像乌拉圭播音员的开场白；开场白后响起三声骇人的和弦，我连忙关上收音机，因为恐怖节目要开播了，这节目对我效果奇佳。回忆并不无辜。十分钟前我进屋，正是初冬夜晚，屋里黑漆漆孤零零，我仍感到一阵模糊的恐惧，于是打开了所有的灯（我没检查床底，只不过是因为床紧贴地板，没有空隙），心底希望我的邻居们打起来。但愿望没能应验，他们八成已经睡了。最近我恐慌发作好几次，跟我亲爱的妈妈一个样，她害怕生活里的一切：害怕电，害怕暴风雨，害怕汽油，害怕火柴，害怕醉汉，害怕小偷，害怕马，害怕雨，害怕风。啊！我忘了：她最怕的是窗户。我还没到这个地步，我相信几天之内白袍法师就会对我说：“啊哈哈！是垂体的问题。垂体过度分泌促性腺激素，使你害怕，恐惧，发狂，使你脱发，情绪不稳，使你写诗，使你夜间惊怖。”尽管我对他说，

是甲状腺，我了解自己，但他说是垂体。不管怎样，十有八九是因为荷尔蒙吧，今晚于我显得尤为黑暗、孤独、静默。这座城市是双相的：要么白天轰隆作响，充斥引擎、工厂、实验室、老虎机、汽车、摩托车和电视机的噪音，要么沉入令我害怕的死寂之中。

结束一天必做之事后，我在狼的时刻[1]去了电影院，选了部或许能让我打起精神的电影：《人生七部曲》，由巨蟒剧团[2]的克罗诺皮奥们主演。（顺便一提，我很推荐这部片。）电影院里全是新派男女和嬉皮士的追随者，我一进去就感觉自己格格不入。老天爷，谁都不是我的同类。再加上昨晚我在电视上看了《红色沙漠》（我以为它抵挡不了岁月流逝，结果证明我错了：我比前两次看还要更喜欢。前两次是在蒙得维的亚看的，很多年以前，也就是说，在史前时代），之后我做了个近乎淫秽的噩梦，因为它不是象征的，而是线性的：我被一家诊所收治，要做个什么手术，医生跟正巧在那地儿（我们在拉普拉塔河都说“那地儿”）的我外婆说：“她没有身份认同的能力。”诊断应该是安东尼奥尼，而不是医生下的，肯定是这样。

我从电影院出来，街道荒冷一片。第一个冬夜：所有人都在家里，裹着毯子。我走到公交车站，站前有面玻璃橱窗，摆满陶瓷艺术品，任谁看了都会消沉。我看着那些填着椭圆肖像的枯干

---

[1] 可能取自英格玛·伯格曼电影《狼的时刻》，电影中将“狼的时刻”描述为“午夜与黄昏之间，最多人死去的时刻，睡眠最深，噩梦最真实的时刻”。

[2] 巨蟒剧团（Monty Python）是一个英国超现实幽默表演团体，创作并出演了1983年上映的电影《人生七部曲》（*The Meaning of Life*）。

珊瑚——像挂着圆宝盒的生命之树——拴着细金链的陶瓷小狗，采桑葚的十九世纪英国小孩。我的天呐。我还是找不到同类。一位头发缠着卷发筒，抹着发胶的女士走过去，她不是我的同类；一个穿天蓝色破衬衫的瘸子，两个嚼着口香糖的女孩子走过去，他们也不是我的同类。

我等了三十五分钟夜班公交，看了眼站牌，发现没有时刻表。要么就是被人撕了，要么就是这辆车不从这走了。你很明白，我在巴塞罗那过了十二年，还是不觉得这城市，这些街道属于我：我还是感觉有点像个外人。我犹疑地想，也许我其实不在我以为的那条街上，公交其实是另一辆公交，要么就是某些无赖把站牌指示给撕了。在开始打喷嚏之前（注意，我今天右边胳膊打了流感疫苗，正半僵着呢，如果是普通感冒，这疫苗就没用：医学真神秘）我决定奢侈一把，打个的士，我不喜欢打的，因为很贵，的士司机又老喜欢追问我的国籍，我说我是乌拉圭人，他们就要反驳我，说乌拉圭人不该说西班牙语，况且作为女人，不信任有些出租车司机可不是平白无故，他们不把我们送到家，反而建议我们去最近的迪斯科舞厅，去妓院之类的地方。这个司机听着墨西哥波莱罗乐曲，车里乱得叫人难以置信，光辉的小圣母像、巴塞罗那球员照片、婴儿肖像和塑料花，统统混作一团，还有一只随着车辆颠簸左右晃头的小狗。车刚开没多远，我就听见声闷响，我朝前探身，看是不是我掉了什么。他也转过头看向我。但不是：我什么也没掉。“不是这里。”我对他说。于是他转回他的座位上，一只手把着方向盘，从地上捡起一团红白绿电线，放到仪表盘上的某个地方。“是电线掉了。”他对我说。之后他花了半小时才把我送到家，因为那团电线隔三岔五就掉下来一次。有些电线用胶带黏在一起，有些用线扎在一块。我呢，还是找不到同类。

我到了家。我按了电梯。电梯缓缓上升（你知道这电梯开得多慢，时间都够完成一次强奸，抽完两支烟，读完齐弗《子弹公园》的前几页），而我注意到它正诡异地摇晃着，好像吊索出了问题。从三楼到八楼的途中，我在和人生告别，在心里给你写了这封信，惋惜没能写完昨天刚开了头的短篇小说，它本能是我人生中最好的作品。我汗流浃背，仿佛恶灵缠身。到了八楼，我下了电梯，两腿虚软，决定在电梯上贴张纸，提醒明天头一个天真地踏进去的打工人。

屋里一片漆黑。要说我讨厌什么，就是走进漆黑的屋子里。我一直觉得可以通过养狗解决问题，直到我意识到狗会跳会舔，就是不会开灯。跟我妈妈一样，我觉得有个偏执狂在黑暗中窥视我，但当然了，我才是那个偏执狂。幸好我的朋友阿依达（我第一次去巴黎看你的时候，你在巴黎认识的那个精神分析师）坚持认为只有偏执狂才理解生命的奥秘。她刚读完我的《无用功博物馆》，可能是因此她才这么说，为了安慰我。

我敞着门，打开所有的灯，确认偏执狂今晚没来。之后我不得不再把门关上，我跟你说，那叫一个疑心重重，因为我一个人在家的时候，总是不知道自己更怕什么：把门敞着还是把门关上。

正当我努力理解屋中古怪的沉默时，哔，丽尔的日本闹钟响了。那闹钟是个打火机大的小玩意儿，按他们的话说，“超薄”，有一块屏幕显示日期、时刻、月份、气温，唤醒系统也很妙：它会发出三声尖鸣，接着停一会儿，再次尖鸣三声，如此不断重复，把瞌睡虫叫起床。但你看，出于某个神秘原因，应该跟几个——不知道具体数量——螺母和发条有关，现在白天夜里任何时刻它都会响起，谁也阻止不了。丽尔和我能拧的都拧了，能调的都调了，还是修不好它：它就在那里，超薄的一片，看起来完全无害，但每三四个小时（可能在白天也可能在夜里）都会发出信号，像一艘幽灵船的汽笛。我把这疯东西塞在客厅枕头下面，藏在书房书本之间，推到家具下方，衣柜后边，但一切都是徒劳：它尽职尽责，但遵循的是只有它自己才懂的规则。我想我唯一能做的就是把它从窗户扔出去，但想必它在路上也会把行人闹醒吧。

垃圾车正开过去。还行：至少是人类的噪音。

我本想给你写封信，告诉你我很高兴奥罗拉和你在一起，照顾着你。好吗？结果我写出来这么封大受惊吓的信，但跟你，我也没必要假装坚强。我可以告诉你，尽管我在蒙得维的亚最后的岁月里经历了一切真实的恐怖——图帕马罗斯游击队的那些事，跟踪，还有永远消失的人们——我也从没害怕过。相反，我现在感到的恐惧也许是种旧日的恐惧，从前都被我藏在棉花里。我对谁都没有认同感，这就是问题所在。我知道，从我们国家的灾难里幸存的只有那些最强壮的人，一贯如此。但有时候，因为一个小小的差错，某个脆弱的人也幸存了下来。而且，我已经厌烦总在身边见到对一切强健品格的崇拜：对英雄们，移民们，成熟稳重的人们的崇拜。

说到底，像那个医生所说的，应该是垂体的问题，我姨妈也会这么说（我的头脑知道，从十二年前起，蒙得维的亚就已变了样，但我的心呢，打从我不得不接受探戈中唱的那句“她的家已经不在”时就已经明白了）。如今我发觉，我形容蒙得维的亚用的词都是阴性。我们得列个城市性别清单。没人会赞同，但这才是最刺激的。也有双性的城市，比如说巴塞罗那。

爱你，保重

克莉斯

致彼岸的胡里奥，关于此岸事物状况的私人信件

克罗诺皮奥国际俱乐部（我还留着那个长得像只怪蛤蟆的绿克罗诺皮奥，它由智利分部制作，由你送给你最爱的克罗诺皮奥们）还在运作，亲爱的胡里奥，尽管经济衰退，尽管“这并不是写抒情诗的好时候”，尽管后现代性和其他的愚蠢事物让我们露出怀疑的微笑。我们这些克罗诺皮奥可能有些忧郁，但这点在克罗诺皮奥的基因里就已注定，它是通往你钟爱的诗歌的前置条件。现在连美国都有克罗诺皮奥，有时甚至在总统大床上也有。出版的诗集越来越少，这是真的，人们觉得把钱花在填满字母而没有空白的纸页上更牢靠，否则就会感觉被骗，不过，向来就是如此。（债主们把波德莱尔赶出了巴黎，你的巴黎，但陀思妥耶夫斯基不写诗，也被债主们踢出了莫斯科。）

我们的万花筒收藏正在不断丰富，最新的几种是一个巴西的穷小孩卖给我的：他用从圣保罗的垃圾场捡来的玻璃瓶碎片跟香槟盒纸板做成万花筒。你瞧，他是个身处破铜烂铁、污染和死亡之间的克罗诺皮奥，一个黑克罗诺皮奥，眼睛闪闪发亮，带着永

生者特有的微笑。

我们是最后的浪漫主义者，有天我对你说，你自认为是超现实主义者，却也狡黠地同意了。在一切（谋杀、强奸、地震、流亡、锦标赛、赛璐璐、很多很多赛璐璐）皆可消费的时代，我们像方舟上的诺亚一般抵抗。我写那句诗（“每一代有每一代的大洪水”）的时候，你对我说，克罗诺皮奥们总是能活下来，他们抓住诗歌形状的桅杆，抓住那些苦乐参半的享受——写作、爱，尤其还有微笑。“我们有一位看守天使。”你说。而我回道：“是守护天使。”

到处都在纪念你，我知道你很喜欢这些活动，因为你想要的不是烦人的玩弄辞藻，而是这种身处同类之间、身处克罗诺皮奥之间的方式，一种兄弟情谊、一种无性的爱（尽管爱可能有性别）、一种乌托邦的形态。

我们这些克罗诺皮奥绝不会让你成为经典，成为死掉的文字。我们将像《波希米亚人》的主角一样宣布：“我是诗人。我怎样写作，就怎样生活。”这是献给你的，你那么喜欢歌剧。

顺便一提，我已经原谅你像喜欢听比尔吉特·尼尔森唱《女武神》（巴塞罗那，1977年11月，加泰罗尼亚音乐宫）一样喜欢拳击了。

胡里奥·科塔萨尔，二十年后

我从不看电视，因此，几个月前，当我走进我在巴塞罗那的家，听见胡里奥·科塔萨尔的声音，我觉得我可能出现了短暂的精神失常。不是幻觉，而是幻听，但太真实了，我手里的包都掉在地上。我僵住了，像动物面对种种危险时的反应。我在这方面很像动物。我要是害怕，首先会停下来观察情况，估计危险的范围和程度。胡里奥二十几年前就去世了，那些无人知晓的留存他声音的录音带我也收了起来，从没给任何人听过。对这两点，我确信无疑。他怎么可能在我家里说话，还拖着独一无二的颤音？很多人认为那颤音来自法语的影响，他自己却骄傲地宣称，因为舌系带的缘故，他从小就这样发音。我一个人住，因此不可能是某个青春期的孩子插上了电视或别的电器。而且，和科塔萨尔不同，我不相信鬼魂。如果是贼进了屋，他们没有别的值钱东西可拿，只可能拿电视机，所以，这个可能性也排除了。于是我鼓起勇气，直面危险。我跨过从走廊到卧室的几米距离（我的公寓跟胡里奥在雷佩宏路的公寓一样小，但好在有电梯，让我的脊椎能轻松些），声音就是从卧室传来的。我走到卧室，科塔萨尔的声音已经听不见了，但我发现那该死的机器确实开着。我马上想起，那天是星期三，正是家政人员来打扫的日子，她一个人在的时候，总是会把电视打开，说是能给她做个伴。我外婆也是这样说的，不过说的是收音机。我外婆说收音机能给她做伴。毫无疑问，是家政人员离开我家时忘了把电视机关上。但我马上又问了自己一个叫人不安的问题：西班牙电视台模仿胡里奥·科塔萨尔的声音干什么呢？为了什么目的？因为我听到的要么就是胡里奥·科塔萨尔本人的声音，要么就是某个模仿他模仿得惟妙惟肖的人的声音。我耳朵很好：我小时候得过肺痨，此外，我还学过音乐，这两者之间有着隐秘的联系。我知道胡里奥对电视兴趣缺缺，甚至可以说是全无好感，因此，我根本搞不懂到底发生了什么，才会有人去模仿他的声音，或者，更糟的情况是，有人出于打广告的无耻目的使用了他的声音（在我眼里，打广告总是无耻的，只是为了营利，虽然我可以把广告美学本身当艺术欣赏）。不管是哪种情况，我都打算调查一下，所以那天我决定看看电视——仅此一次，下不为例。我盼着那个节目会给出解释，或者，如果是广告的话，之后会重播。过了二十分钟，我看广告看得精疲力尽，再也忍不下去，把电视关了。我决定做点更实际的事：打给我的一位对某些电视节目十分痴迷的朋友，问他有没有碰巧在二台看到有胡里奥·科塔萨尔的广告，或者类似的东西。他跟我说没有，但愿意跟我一起找，尽管他觉得用科塔萨尔的声音打广告很奇怪。“在这块白痴屏幕上一切皆有可能。”我回道。

后来有一天，我的朋友（他是阿根廷人，也跟其他所有阿根廷人一样是个作家，尽管没有发表过作品）给我打电话，让我在快到新闻播报时去看看二台。他很肯定，我能再次听见胡里奥·科塔萨尔的声音在一部新型号西亚特汽车的广告里响起。“你确定是胡里奥，不是哪个人在模仿他？”我警觉地问他。“这你比谁都有发言权，”他回答，“但我基本确定是他本人。”

的确如此：下午三点新闻播报前的几分钟，我再次听见胡里奥·科塔萨尔独一无二的声音，念着：“想想看：他们送你一块手表的时候是送给你一个小型锦绣地狱，一条玫瑰锁链，一座空气牢房。给你的不仅仅是手表，祝你生日快乐，我们希望你用上很久因为是好牌子，瑞士造红宝石表叉；送给你的不仅仅是这个你将要系在手腕上和你形影不离的小石匠。他们送的是——他们不知道，这才可怕——你自己脆弱易损的新部分，属于你却不是你的身体，需要用皮条固定在你身体上，好像一只绝望的小手臂缠在你的手腕上。（……）手表不是送你的礼物，你才是礼物，你被献给了手表的生日。”[1]

是《克罗诺皮奥与法玛的故事》里的短篇《<手表上发条指南>之前言》，西亚特用了一份1967年的录音（我后来确认了）宣传它的新车型——莱昂。

我的想法和感觉都很矛盾。先冒出来的是叛逆心：他们怎么

[1] 译文摘自范晔译《克罗诺皮奥与法玛的故事》（南京大学出版社2012年版）。

敢在电视里用胡里奥的声音，胡里奥既不喜欢看电视，又不喜欢上电视！接着，我又想："他的遗嘱执行人肯定授权了西亚特使用这段录音，而且，他们应该为此收了西亚特好大一笔钱。"我无权抗议，因为当一个男作家或女作家将某人指定为自己的遗嘱执行人，而这个某人决定卖掉属于作家的任何东西——甚至包括声音——的时候，没有办法，无从置喙。我最后一个念头是："如果西亚特用了胡里奥的一个短篇来推销一部汽车，说明市场经济很看重文学，包括并非商业性质的文学。"这对作家们来说倒是个好消息。

我之前就有感觉，电视广告正变得比出版商更大胆，在广告部门工作的也不全都是傻瓜。因为，如果我们客观分析这则广告的话，就会得出如下信息：西班牙的第一家汽车企业，西亚特，用二十多年前去世的一位阿根廷作家的文本和声音，推销他们的新产品，莱昂汽车。胡里奥·科塔萨尔独一无二的声音将在多少酒吧，多少咖啡馆，多少个家中被人认出？要么编出这则广告的人是无可救药的文学爱好者兼胡里奥粉丝，要么西班牙电视观众的文化水平在我不知道的时候奇迹般地有所提高。还有一种可能，比前两种都更诡异：西亚特的广告人员认为莱昂汽车面向的是非常特殊的消费者群体，他们会一边以120千米的时速在高速公路上飞驰，一边听着胡里奥·科塔萨尔，而不是重金属或者流行摇滚乐。

我不知道西亚特的莱昂汽车卖得好不好，但我知道的是，我后来只再听到过几次这则广告，它很快就从屏幕上消失了，大概说明广告并不很成功。西班牙广告确实有时会雇作家来推销本地产品，像奶酪和葡萄酒之类的，但作家本人很少亲自出现，并直接与观众对话；广告文本也从来不是一段文学选段。

如果胡里奥·科塔萨尔过世二十年后，电视上仍播放他朗诵自己作品的声音，用来给一个汽车牌子打广告，那么，这无可辩驳地证明，他作为作家仍不过时，他通过了岁月流逝的考验——即使这考验既不可信，也不客观。

没有胡里奥的二十年

2004年2月，胡里奥·科塔萨尔去世正好满二十周年。他不喜欢纪念活动，不喜欢他在笔下嘲弄的那些“庄严仪式”，就像他不喜欢语言学院、大学课程和讲述教学。他不喜欢一切在他看来咬文嚼字、讲求形式、不够真诚的东西。他面对常规、面对僵化的官僚与当局的反叛精神，主要体现在语言方面：他将俚语和口语融入作品，无数次打破语法尤其是正字法，渴望实现更大的自由。你们记得他把字母c和q换成k的时候吗？他不是第一个反叛者，也不是第一个将口语引入长篇和短篇小说的人；在阿根廷文学史上，罗贝托·阿尔特或莱奥波尔多·马雷查尔，他毋庸置疑的祖先，早就这么做过，但科塔萨尔将这种文学实验变得更极端、更连贯、更富游戏意味。（莱奥波尔多·马雷查尔出版《亚当·布宜诺斯艾利斯》时，一个名叫胡里奥·科塔萨尔的年轻人在当时由豪尔赫·路易斯·博尔赫斯主编的《南方》杂志上发表评论，盛赞这部作品。）在我看来，最后这点非常重要。“文学是什么”这个问题在历史上有过数不尽的回答，这些回答彼此并不矛盾。因为不存在单一的事物，只存在元素的集合。人们说文学是表达，无可置疑；说文学是沟通，无法辩驳；说文学是经验（斯宾格勒的论点），也不能置若罔闻。让·保罗·萨特回答，文学是义务，荷兰历史学家约翰·赫伊津哈则提供了一个重要论点：文学也是游戏。他指的不只是莎士比亚的戏剧、纳博科夫的小说或戈麦斯·德拉·塞尔纳的格雷格利亚[1]里令人目眩的文字游戏，也包括将作品视为游戏性实验的观念。这并不会削弱作品的重要性：在胡里奥·科塔萨尔之前，就有其他人提出过，生命中很少有同游戏一般严肃的事。别忘了，人童年时是在游戏中学习的，而且，游戏可能是最好的学习方式：学生厌烦中小学，厌烦大学，都是因为教学不以游戏的方式进行。十五年间，我有幸做胡里奥·科塔萨尔的密友，共享许多事物如畅享游戏：对巴黎或巴塞罗那某些街道的发现，对万花筒的兴趣（有时我会收到他从日本或加拿大寄来的一些万花筒，奇迹般完好无损），以及对恐龙的喜爱。我们爱上恐龙，远远早过斯皮尔伯格用少儿电影毁掉恐龙全部的神秘。科塔萨尔在1984年去世，这事为数不多的好处就在于，如此热爱电影的他不会看到他最珍爱的一个私人神话遭到毁灭——那些不为人知的恐龙，占领我睡梦的恐龙，我对它们知之甚少，只知道它们曾突兀地消失。[“对于爱着的人来说，任何消失都是突兀的。”他没这么说过，但我会毫不犹豫地将这句话归到他名下，我知道他会欢迎这种错谬。之后，他还会加

[1] 格雷格利亚（greguería）是西班牙作家拉蒙·戈麦斯·德拉·塞尔纳（Ramón Gómez de la Serna, 1888–1963）发明的一种文体，多为充满奇思妙想的短小警句。作家自己的说法是：“格雷格利亚＝隐喻＋幽默”。

一句："突兀（súbita）、臣属（súbdita），还有上浮（subida）。"]关于"游戏的"（lúdico）这个词我们有个小发现。他和我一直写的是"lúdico"，直到某个不幸的日子，我读一篇在墨西哥出版的散文，撞见了"lúdrico"这个词。我警惕地停了一停。那是家非常严谨的出版社（二十一世纪出版社），它出版的书籍，无论是散文还是小说，总是质量上乘，我狼吞虎咽般阅读它们，在阅读中证实，这家出版社有一个珍贵的品质，就是从不犯任何印刷错误。一开始我很抗拒：这么多年，我早就习惯了读写"lúdico"这个词，"lúdrico"一定是个可怕的印刷错误。此外，我又很无知，觉得"lúdico"只可能源自拉丁语"ludens"[1]，我怀疑荷兰的赫伊津哈就是从这个词里想出了他最著名作品的题目：《游戏的人》（*Homo ludens*）。以防万一，我去查了词典。词典是我最爱的书之一，也是我为数不多会重读的书。结果我"万分惊诧"，就像给报纸主编写信的读者在信中常说的那样（我比你先发现这点，胡里奥）。我发现正确的写法是"lúdrico"而不是"lúdico"。那是1980年前后，还没有电子邮件，因此我登时（"蹬熄"，科塔萨尔会这么念，说得跟踩灭了个烟头似的）[2]给胡里奥写了封短信，告诉他："亲爱的，一切皆空哪，换句话说，我们什么也不是，老兄。不是'lúdico'，是'lúdrico'，它不但看着可怕，长得还很像'lúbrico'[3]。尽管往好里想，在我看来，每个好色之徒都游戏人间，

[1] 意为"游戏的"。

[2] 此处是一个语言游戏，"登时" 原文是"ipso facto"，而科塔萨尔将它说成发音相近的"piso faso"，字面义为"踩香烟"，为保持相近的发音，译文处理为"蹬熄"。

[3] 有"滑润的""好色的" 两个含义，因此下文提到"好色" 和"润滑剂" 的话题。

无论你喜不喜欢，稀不稀罕。至于润滑剂呢，咱们已经有凡士林了，有些人会把凡士林跟发蜡弄混，两种都有着豪奢的亮泽。”各位可别想在任何胡里奥·科塔萨尔或致胡里奥·科塔萨尔的书信集里找到这封信。他给我写的信大多都遗失了（我一直对此耿耿于怀），要么是在我们这些流亡者频繁的搬迁中遗落，要么是被哪个伊利诺伊或芝加哥或法兰克福或波多黎各的写我作品论文的学生从我家偷走，总有这样的人，我也承认我不太有条理，我的文件总是乱作一团，像弗朗西斯·培根作坊里的物件、颜料管和照片一般。（你不知道，老兄，你让人在你的作坊——那些富家子弟口中的垃圾堆——里面拍的那张震撼相片帮了我多大的忙，相片里你坐在沙丁鱼罐头、破烂海报、颜料污痕、残损相片、香烟、水桶、抹布还有别的垃圾中间。每当有人指责我东西太乱，我就搬出弗朗西斯·培根这尊权威。）至于我寄给你的那些信（有好多呢），也不见踪影，但你的继承人或许有天会找到它们。时间会给出答案。

所以应该是“lúdrico”，不过，压根没人理睬语言学院，这也是常事（说真的，胡里奥，自从你去了那个你有过模糊预感，但其实不是天堂也不是地狱的地方，语言学院进步了好多，不骗你，现在连你跟我都能拿个席位了。还是你更有可能，因为它虽然有进步，但还是没有向女人敞开大门，毕竟众所周知，学院是大老爷们儿的地盘），于是我的发现也就被人遗忘了。

二十年过去了，你还是不喜欢纪念活动，但你要知道，我们这些读者仍然如此热爱胡里奥。

写故事的日记

胡里奥·科塔萨尔生前出版的最后一本书《不合时宜》（*Deshoras*），里面有篇题为《写故事的日记》的短篇小说，是他写过的最实验、最先锋的一个短篇。创作关于文学的文学，书写书写之不可能，这是其他作家也体会过的一种烦恼兼诱惑。胡里奥很喜欢中国套盒和俄罗斯套娃：一模一样的物件，一个套在另一个里，构成令人着迷的序列。在我小时候，巴奥抛光粉也带来过类似的体验。它是种用于清洁的粉末，罐子标签上画着一圈人物（男仆、女仆、女主人、管家），簇拥着另一罐巴奥抛光粉，标签上画着一圈人物（男仆、女仆、女主人、管家），簇拥着另一罐巴奥抛光粉，标签上画着一圈……“你昏过去了吗？”有次我跟胡里奥讲起这事，他这么问我。“没，”我对他说，“但我确实头晕了：我想那是我对永恒，对不可囊括之物的最初体验。我懂得了想象和人类心灵的限度。”

《写故事的日记》是个频频向读者递眼色的短篇，科塔萨尔很喜欢这么做：找读者来做他的同谋。作家并非全知，需要读者介入其中。“有时候，写故事的欲望会让我心痒难耐”[1]，故事开头写道。我们这些作家，每当有什么围着我们转动，漂浮，搅乱别的任务，搅乱我们原本正享受着的无所事事，我们就会心痒难耐。短篇故事、诗歌、长篇小说、文本的心痒，叫我们开始琢磨：我是去影院呢，还是看本书呢，还是听张碟呢，还是干脆别绕圈子，直面有文本将要诞生的疑心？当科塔萨尔似乎拿不准要不要动笔写故事时，他就坦言说他想要成为比奥伊·卡萨雷斯[2]。

如此我们就进入了最初的离题：他对那位阿根廷作家的钦佩，他们见过的寥寥三面，带着颇具男性特色的亲切和腼腆。最后一次见面是在比奥伊家里，他记得他们俩聊了聊吸血鬼，胡里奥对这话题很热衷，我却从来不感冒：我对吸血鬼也好，对所谓的幻想文学或超自然文学也好，向来没流露过半点兴趣。相反，我倒是很喜欢科幻文学，觉得它是一种超前的文学。（“文学是一只有时走得太快的表。”卡夫卡曾对他的朋友雅诺赫[3]说。）

因此科塔萨尔假装（费尔南多·佩索阿说：“每个诗人都是伪装者”）想成为比奥伊·卡萨雷斯，这样，他就能描述安娜贝尔，他准备创作的短篇小说里的女主角了。兰波曾说过：“我是另一个人。”博尔赫斯换了种说法复述这句话。为什么科塔萨尔说比奥伊“谈论安娜贝尔的方式将是我无法做到的，他会从近处深刻地描

[1] 译文摘自陶玉平、林叶青译《我们如此热爱格伦达》（南海出版社2019年版）。

[2] 阿道弗·比奥伊·卡萨雷斯（Adolfo Bioy Casares, 1914—1999），阿根廷作家，主要创作幻想文学、侦探小说及科幻小说，代表作包括小说《莫雷尔的发明》等。

[3] 古斯塔夫·雅诺赫（Gustav Janouch, 1903—1968），斯洛伐尼亚诗人、音乐家，卡夫卡的好友，著有回忆录《与卡夫卡的对话》。

绘她，同时还能保持一定的距离，他会决定（我没法不认为这是他的决定）在一些人物和叙述者之间设置疏离感”[1]？

这篇小说布满陷阱：一开始，他坦言，是种心痒感诱惑他写作，尽管他并不乐意。之后，他说比奥伊·卡萨雷斯写安娜贝尔会写得比他更好，因为比奥伊知道怎么在作者和叙述间拉开距离，换了他就不懂，想做也做不到。与此同时，他引起我们的好奇心，好奇谁是安娜贝尔，谁是这个“从一开始就会将我俘获，就像四十年代末我在布宜诺斯艾利斯认识她的时候那样”[2]的人。他以这种方式渐渐营造出一种神秘氛围，掷下一些讯息以激发读者的好奇心。一种文学策略：假意坦白自己写不了某样东西，然后边坦白边写这样东西。承认另一个作家能写得更好，但说到底，另一个作家并不认识安娜贝尔，因此只有他能写下这个故事。

这篇小说的叙述形式确实很像日记，各段都标明了日期。

2月3日，他想象比奥伊·卡萨雷斯会如何开启故事，认为后者会采取更为古典传统的形式。更具讽刺意味的是，比奥伊会用英语来写。两人都熟练掌握英语，尽管胡里奥总是更偏爱卡斯蒂利亚语的口语表达，甚至是黑话。但他同时也模仿比奥伊·卡萨雷斯可能会写出的故事开头，将之展现给读者，又加以纠正：他的安娜贝尔（Anabel）只会有一个“n”，也不会姓李，而是姓弗洛雷斯。到了第二天，也就是2月4日，他又坦白说自己写不出安娜贝尔，除非伪造一个她（科塔萨尔曾在生命最后阶段坦言，

[1] 译文摘自陶玉平、林叶青译《我们如此热爱格伦达》（南海出版社2019年版）。

[2] 同上。

文学和现实无法彼此同化，但这似乎也是不言自明的道理），而且，还要引入另一位作家：雅克·德里达。长段引用德里达对接下来的叙述毫无帮助，不过似乎又是另一种绕圈子，另一种离题的方式，确认经由文学通往现实（在这里是通往美丽的安娜贝尔）之不可能。

等他终于决定切入正题，读者发现，这原来是个扣人心弦的故事，还带着些自传色彩。主角是一个职业翻译，帮低地地区的妓女给水手写情书。妓女中的一个，安娜贝尔，吸引了他，最后成了他的情人。之后，故事一转变为侦探小说（比奥伊·卡萨雷斯最喜欢的那种），一个叫作威廉的水手介入两人之间，主角怯懦地逃离了这段邪恶的三角关系，躲进对他实际生活一无所知的上流社会情人苏珊娜的怀抱，过起安逸的生活。

1998年，捷克导演亚娜·博科娃[1]爱上了这个故事，将它拍成电影《写故事的日记》并搬上银幕。电影在巴西的格拉马杜电影节上获得了阿根廷电影评论家协会最佳剧本奖和最佳导演奖，但是很可惜，它在国际上没有获得应得的名声。

电影出色地还原了四十年代布宜诺斯艾利斯港口与妓院的氛围，片中有舞厅，有柔情万种的妓女，还有原本翻译商业报告，但也帮妓女翻译给水手的情书的男主角，他爱上了安娜贝尔，被她的独立与性感深深吸引。

每次涌起怀旧之情，我就看一看当初在巴塞罗那一家俱乐部

[1] 亚娜·博科娃（Jana Bokova, 1968—），捷克电影导演。

买的影碟。演员赫尔曼·帕拉西奥斯模仿年轻的胡里奥·科塔萨尔，实在是模仿得惟妙惟肖，导演也将布宜诺斯艾利斯郊外那种贫穷但诗意的氛围塑造得十分精妙。又一次，一位好似玛伽一般的女人带领我们穿过我们热爱、怀念，有时却又痛恨的那座城市的街道。只不过，不像玛伽，亚娜·博科娃生于捷克斯洛伐克，而不是乌拉圭。

胡里奥·科塔萨尔在今日

不久之前，来自某份文学副刊的一位采访者问起我《跳房子》和科塔萨尔其他作品如今的阅读情况。科塔萨尔的作品在西班牙和拉美不断再版，有关他的展览、纪念活动和文章也层出不穷。这盛况一方面要归功于他的遗嘱执行人的努力，一位是他的第一任妻子，奥罗拉·贝尔纳尔德斯，她全心全意推广胡里奥的作品，另一位是不久之前去世的萨乌尔·尤尔凯维奇。另一方面，胡里奥·科塔萨尔的永恒青春在他的肉身消逝后仍旧延续。豪尔赫·路易斯·博尔赫斯也同样，不过，两人之间存在一个巨大的差异：人们想起胡里奥，不仅欣赏他的作品，对他本人也总是怀着柔情；想起博尔赫斯呢，心中就只有对他文字的敬意。

对胡里奥的致敬总是有一分游戏色彩，这跟胡里奥本人的性格有关。比如说，1999年，皮拉尔·佩拉特斯编了一套质量上佳的配碟图书，题为《跳爵士》（她主编的那版副标题叫“胡里奥和爵士乐”），其中收录了胡里奥撰写的大部分有关音乐，尤其是爵士乐的文章。那套配碟图书卖得很不错，一共出了两版，尽管出版社都不太知名，也没做过广告宣传。皮拉尔在前言里分析了

《跳房子》的作者和爵士乐的紧密联系，这种联系在他的著名短篇《追寻者》（致敬了萨克斯乐手查理·帕克）中体现得最为明显。她还指出，胡里奥可能正是在爵士乐中找到了他的作品特有的那种自由、纯真、叛逆的精神。

胡里奥同我一起听过许多次音乐：歌剧、探戈、爵士。他在探戈和爵士乐之间找到共通之处：它们都是为上流阶层所不齿的、难登大雅之堂的音乐，前者诞生于拉普拉塔河的妓院之中，后者诞生于新奥尔良棉花种植园里黑奴的悲痛之中。爵士和探戈中都有一种乡愁。但诗歌也诞生于乡愁之中，或许所有的创作形式都带着乡愁，因为我们存在于时间之中，也就是说，我们注定要怀念过去，注定只是短暂的过客。

在《追寻者》这个短篇里，查理·帕克的化身乔尼·卡特说："如果你想知道我真正的感受，我觉得是音乐把我融入了时间。"[1]这句话在我看来总有点含糊，我也是这么跟胡里奥说的，因为我认为，实际上，音乐同其他的艺术形式一样，所做的是让我们脱离时间，或者说，总是让我们进入一种不可理解的时间，也就是永恒。不过，喜欢那句话的读者数不胜数，或许因为那是胡里奥·科塔萨尔难得写出的花哨句子。不管怎样，爵士乐的确是他除歌剧之外最爱的音乐类型之一，因为他在爵士乐中找到了他最大的追求——自由、忧郁和激情。而且要注意，他哪种爵士乐都喜欢，不仅仅限于布鲁斯：我见过他腾挪长腿，伴着迪克西兰爵

[1] 译文摘自金灿、陶玉平、林叶青译《南方高速》（南海出版社2017年出版）。

士乐的拍子乱舞，换作是我，我永远也做不到（迪克西兰爵士乐让我完全提不起劲）。

皮拉尔·佩拉特斯的书广受追捧。这本书还原了科塔萨尔最爱的几位音乐家人生的方方面面，其中包括艾灵顿公爵、约翰·柯川、本尼·卡特、莱诺·汉普顿、杰利·罗尔·莫顿、贝西·史密斯、胖子华勒，还整理了《跳房子》中多处提及他们的段落。这种对爵士乐，对某些二流拳击手的喜爱，也属于浪漫主义特有的那种对失败者的兴趣。在毒品、酒精和卖淫中消磨了一生的贫贱男女悲剧的命运：天使们在堕落之前曾窃取过永恒，窃取过几乎令人难以忍受的美。（胡里奥死后，心理学家诊断他患有司汤达综合征。如果科塔萨尔还在世，应该会很喜欢这种病的定义："过度暴露于美和美的神秘所导致的生理和心理上的不适。"我的小说《爱是一种毒》题词就用了这个定义。其实，应该给那本小说起名叫《司汤达综合征》。）

《跳房子》里提到的大多都是男音乐家和男小号手，不过，胡里奥也很崇拜贝西·史密斯、黛娜·华盛顿、埃拉·菲茨杰拉德和比莉·荷莉戴。

胡里奥的道路就像是迷宫，在这些迷宫中，克罗诺皮奥们最终总会相逢。

我在勒科尔茨区住了很多年，总是去街区里一家装潢美丽、气氛热闹的咖啡馆读日报，吃早饭。咖啡馆名叫赫利俄斯。有一段时间我常在那里，我很喜欢在那吃早饭，周遭环绕没有完全塞满的书架、客人随时可以取阅的报纸，在店里我既能隐姓埋名，又对女服务员有种亲密的信任，感觉十分惬意。

就在那段日子里，有天早上，一位看起来十分热情亲切的成熟女人走近我，问我是不是克里斯蒂娜·佩里·罗西。我对她说对，我就是我，尽管有些日子我并不想做自己。这笑话令她微笑。于是她告诉我她的名字：她就是皮拉尔·佩拉特斯·拉苏恩，那本搜罗了科塔萨尔小说中出现过的爵士乐的《跳爵士》的作者。我们彼此问好，聊了一会儿。她不专研音乐，也不是文学评论专家，只是一个热爱《跳房子》和科塔萨尔其他作品的读者。她将书中提过的爵士主题汇总在一起，自己掏腰包出版了这部合集，当作对她最爱作家的致敬。我问她有没有意识到这本书的重要性，有没有想过它会有这么多的读者，她说她只把它当作一次致敬，没想到会这么成功。我对她说，克罗诺皮奥们就像兄弟会成员，但不同于传统的兄弟会，克罗诺皮奥们总是欢迎女性。我又引用了博尔赫斯："一切偶然邂逅都早已注定。"

1984年11月底[1]，我最后一次见到胡里奥·科塔萨尔，问他有没有在写些什么，他对我说，他有几个开了头的短篇，觉得如果时间允许的话，他或许可以写完（当时他已经病了，还在为卡罗尔·邓洛普的死哀恸）。我还没问他，他就说："我撕了很多没用的纸，很多用不上的东西。经常得用废纸篓。我死的时候，不想留下未完成的东西，也不想留下我不愿出版的东西。"他告诉我，他只留下几样青春时期的东西，其中有一部小小说（他就是

[1] 原文如此。科塔萨尔去世于1984年2月，此处疑为作者笔误。

这么说的），但他并不打算出版。他死后出版的唯一一部小说叫《测验》。

不过，从报刊杂志的文章里可以看出，人们仍铭记着胡里奥，这个独一无二的人，叛逆创新的作家，在他们的记忆中永葆青春。曼努埃尔·比森特，一位风格出彩、感性敏锐的西班牙作家，2006年8月27日在《国家报》上发表了一篇占据整面的文章，题为《爵士自由乐声中》。文章的开头令人印象深刻："他的腿太长，不适合做自行车手，但他常常骑一辆被他取名'哈雷路亚'的自行车漫游巴黎，清晨美丽的巴黎，街道新洒过水，空中飘着牛角包和热面包的香味。他像个学生一般生活，但并不是学生；他给人流亡的感觉，但并不是流亡者；很难说科塔萨尔是一个货真价实的阿根廷人，而不是将幻想文学、爵士乐、先锋绘画、拳击和黑色电影变作自己唯一的祖国，将巴黎变作一个比喻、一张私人地图的背井离乡者。"这幅肖像很写实，很贴切，不过有些诗意的不实之处：阿根廷军事政变以后，科塔萨尔就成了流亡者；而且，他尽管热爱巴黎，但总认为自己是个阿根廷人。

在文章结尾，曼努埃尔·比森特重述了胡里奥·科塔萨尔一生中最戏剧化也最为悲伤的一幕：1983年11月，他已生了病，军政府刚一倒台，他就去了布宜诺斯艾利斯，看望生病的母亲，但阿方辛政府底下的任何一间官方机构都没有接待他。他向来排斥官僚主义、形式主义，以及种种常规惯例，因此可能并没有办理让新政府总统接见他的相关手续，或者也可能是他申请了会面，却遭到某个渴望复仇的猩猩（对阿根廷反动派都是这么叫的）横加干涉。不管是哪种情况，有一点都是可以确定的：阿根廷人和胡里奥·科塔萨尔的关系总是很矛盾，他们崇拜他，但又以极其相似的方式嫉妒他。

在布宜诺斯艾利斯的巴勒莫区，有一个以他的名字命名的小广场，离纪念豪尔赫·路易斯·博尔赫斯的那条街道很近，离异装癖人群的一个夜间集会场所也很近。

我想他应该会对这个小广场很满意。不是因为它挨着博尔赫斯街，而是因为它毗邻异装癖集会的场所。胡里奥是个坚定的反恐同者。

三十年后，
给胡里奥的信

亲爱的胡里奥：现在正是你的塞莉亚姨妈，或者我的阿古斯蒂娜姨妈（我们的姨妈总是可以互换）会说这句话的时候："他离开已经有三十年了，时光飞逝啊。"而我们会心照不宣地微笑起来，因为你总是说你永生不死，而我知道爱因斯坦的公式，认为时间是相对的。死亡是存在的终极形式，尽管我们已不再能沿着巴黎或巴塞罗那的街道漫步。我们的肉身不能一同漫步，但却可以换一种漫步的方式。你说的永生就是这个意思。有时候，只是有时候，我会重读你的某封信，我从不愿出版它们，因为我们都认为信件是私密的，个人的。

存在十分缓慢的转变。存在十分漫长的变化，犹如道路。

但最重要的或许是忠于自己，无论是你如今的读者，还是你过去的读者，都清晰敏锐地认识到这点。（比如说，在巴塞罗那，一些年轻人成立了一个克罗诺皮奥俱乐部。）我想你一定不愿看到尼加拉瓜革命最终变为何种模样，但与之相对的，你应该会很愿意和佩佩·穆希卡[1]聊两句，他是一个卑微地居住在农舍中的乌拉圭总统，也是一位哲人，会向记者解释，快乐并非物质财富，消费主义夺走了我们的生活，因为生活正是我们所余下的时间，如果我们只将时间花在消费上，它就会流进排水沟，一去不回头。

我是你诗歌里的克莉斯，也是另一个克莉斯，我创作并出版了的那些书里的克莉斯，你没能读到那些书，或者，也许你读到了，你正在另一个维度读着它们，我可怜的感官无法企及的维度。现在我已经比你活过了更长的岁月，在我看来，这真是奇怪的命运转折。但我也跟你一样，忠于自我，这种诚实今日已像是过时而不再使用的一个词。我想你的读者和我的读者很像，他们永不变老，会为一首诗微笑，为一行诗捧腹，讨厌庄严，也讨厌隆重的仪式。

你不会喜欢野蛮的资本主义，也不会喜欢金融投机，更不会愿意见到穷人的数目一如既往与富人的财富按同比例增长，但你会很高兴地看到，同性恋在有些国家已能结婚、领养孩子，也会很高兴看到塔娜·里纳尔迪的歌喉日益出色，像小卡洛斯一样。

我再没有回到巴黎，就像你没能回到巴塞罗那。不过，我要告诉你，我们最喜欢的餐厅（阿玛亚餐厅）还开在兰布拉大街上，米罗基金会也仍保留着它中央的橄榄树，我还能肯定，完全肯定，

---

[1] 佩佩·穆希卡（Pepe Mujica）是乌拉圭政治家、前游击队员何塞·阿尔贝托·穆希卡（José Alberto Mujica, 1935—）的昵称。穆希卡曾是乌拉圭游击队“图帕马罗斯民族解放运动”的成员，在军政府执政时期曾多次被捕，最长一次被监禁了11年。穆希卡在乌拉圭恢复民主后获释，投身政坛，于2010年至2015年间任乌拉圭总统。

你会迷上《阿黛尔的生活》。（你会对我说：为什么剧本不是你写的？）和波兰斯基的《穿裘皮的维纳斯》（法语版本。你会说，有些施虐受虐的色彩是无法翻译的，就像将梅毒称作“爱的蝴蝶”一样无法翻译。）

因此，我们有可能在任何一天的任何时刻重逢，因为我知道爱因斯坦的公式，而你是永生不死的，就像你总说的那样。

——于巴塞罗那，2014年5月

se le puede corregir, a uno mayor, no
buenas ideas hay en los escritores menores
tantos fracasos aprovechables; a un
era mortal, y prefería recordarlo vivo, e… mente joven (bromeábamos, a veces, s… su aspecto juvenil, como Dorian Gray.
Queremos tanto a Julio… fui al entierro de Julio Cortázar. No estoy en la foto. En
en una servilleta en la cafetería La Puñalada, de Barcelona
melancólicos: hice esa anota
de Julio Cortázar. No es
convencido), sano, viajero, a veces un poco melancólico (la literatura es c
no. Queremos tanto a Julio. No fui al ent
tes: Aborrezco la muerte y los ritos funerarios. Había ot
corregir, a uno m
décrépito y asqueroso, decías, sonrien
Cuántas veces, Julio, habíamos recordado juntos aquellos versos de César Vallejo: Me moriré en París c
mos, a veces, sobre su aspecto juvenil, como Dorian Gray. Sólo que yo no me voy a despertar un día convertido en un anciano
mortal, y prefería recordarlo vivo, enteramente joven (brom
ero, un día del cual tengo ya el recuerdo. No quis
untos aquellos versos de César Vallejo: Me moriré en París con aguacero, un día del cual tengo ya el recuerdo. No quise compartir la dudosa
que yo no me voy a despertar un día convertido en un anci… decrép… asqueroso, decías, sonriente y conven
febrero de 19… muerte y los ritos fu
vientes. Aborrezco la muerte y los ritos
numerosas fotos que se hicieron después de su muerte, una lluviosa mañana de febrero de 1984. Cuántas veces
Me moriré en París con agu
ro de Julio Cortázar. No estoy en la foto.
o quise compartir la dudosa complicidad de los precariamente vivos, de los supervivientes.
rtir la dudosa complicidad de los prec
precariamente vivos, de los supervivientes.
mañana de febrero de … mente vivos
Cuántas veces, Julio, habíamos recordado juntos aquellos versos de César V
rezco la muerte y

y en la foto. En las numerosas fotos que se hicieron
razón profunda: me negaba a aceptar que
Queremos tanto a Julio. No fui al entierro de Julio
a uno mayor, no.
de la tarde de otoño, en una calle de París o de Barcelona?Me gustan
las seis de la tarde de otoño, en
poco melancólico a la
veces un poco melancólico (la literatura e
En cambio, cuántas bu
y convencido), sano, viajero, a veces un poco melancó
hay en los escritores
ar. No estoy en la foto. En
numerosas fotos que se hicieron después de su muerte, una llu
inspiran: están ahí, perfectos, sólo se les puede admirar. En cambio, cuántas buenas
crépito y asqueroso, decías, sonriente y convencido), sano, viajero, a veces un poco melancó
y prefería recordarlo vivo, enteramente joven (
hice esa anotación en una servilleta en la cafeter
como Dorian Gray. Sólo que yo no me v
Respondió, de Barcelona.
mplicidad de los precaria

附录

科塔萨尔作品选

诗歌

给克莉斯的五首诗

——我很忧郁，因为我没能写出更多更好的诗行。

W.B.叶芝《自传》

1

已经远远过了
我们生命的中途
有一片爱的疆域
智性胜过神秘的迷宫
或许能在其中
缓慢地获得幸福
无需癫狂的阿里阿德涅的线
也无需泡沫、床单或大腿。

一切都在黄昏的反射中实现
你的头发你的芬芳你的涎液

我在那从另一侧将你占有
当你和你的女友玩着
夜晚游戏的时候

2

其实我并不在乎
你的乳房沉睡在
别的乳房蓝色的对称中
我本可以践踏它们
用我发痒的触碰
你本可以笑
恰恰在那需要且盼望你
啜泣的时刻

3

当你迷失在享乐中
我很了解你所得到的
因为那正是我
本应拥有的感受。

4

（正确的印刷错误）

我们相遇在一天结束时

一条公共散步道上

5

（我希望你认为

这是我面对距离

用来补偿自己

聊作慰藉的可笑游戏。

那么继续舞蹈吧

在另一个身体的镜中

在刚刚为我

微笑

之后。）

——*选自《除却黄昏》*

给克莉斯的另外五首诗

1

之前的一切都像是一次
久别重逢的最初时刻：微笑，提问，
缓慢的重新调整。奇怪，你好像不如以前
黝黑。你姨奶奶后来好些了吗？不，我不喜欢
啤酒。对，我给忘了。
而在下方，阴影的货梯，缓缓升起另一种
现实。蜜蜂在你的发间开始颤动，你的手
擦过我的，在我手里放下一块甜蜜的棉。你再次
闻起来像南方。

2

有时你有
那种流亡的面容

在你诗中寻找声音的流亡。

我的流亡没那么艰苦，

有太多的保护，

但当我牵着你的手

走过巴黎一条小巷

我多希望散步能终止在

蒙得维的亚一角

或我的科连特斯街

没有谁来

要我们的证件。

3

有时我认为我们能

消弭彼此的不同

寻到轮子静止的中心

走出二元

成为那令人眩晕的镜子

在终极的顶点凝聚

这隆重的舞蹈

我将它献给你在场的缺席。

我记得圣埃克絮佩里说过：

“爱
不是看着爱人
而是两人看向同一个方向。”
但他从未怀疑会有许多次
两人着迷地看向同一个女人
而那绝妙的、幸福的定义
灰扑扑人偶一般倒地。

4

我想我不爱你
我只是爱
显然不可能爱你这件事
就像左手
爱上住在右边的
那一只手套。

5

小老鼠，绒毛，新月面包，
万花筒，瓶中船，
苔藓，钟，流散，
轮回，蕨类植物，

以上还有南瓜甜糕，
特罗伊洛的班德琴以及两或三块
皮肤的区域，翠鸟
在其中筑巢，
这些词语包含着
你无法企及的残酷定义，
这些事物保存着造就你的
物质，以让某人
畅饮，占有，燃烧，深信自己
完全地了解你，
深信你只是克莉斯。

——选自《除却黄昏》

给克莉斯的最后五首诗

1

现在我写鸟儿。
我没看见它们来，我没选择它们，
它们突然就在那里，是这样
一群词语
栖息着
一个
接
一个
在纸页的电线上
叽喳着，啄食着，翅膀之雨
而我没有面包给它们，只是
任它们来到。或许
那是一棵树
或许

是爱。

2

昨晚我梦见你
塞赫麦特[1]的女祭司，狮首的女神。
她在斑岩里赤裸，
你光洁的肌肤赤裸。
你向这野蛮的神呈上了什么祭品
这透过你的目光注视
一道永恒无情地平线的神？
你手掌的杯中装着
秘密的奠酒，泪水
或你的经血，或你的涎液。
无论如何不是精液
我的梦知道
那祭品将遭拒绝
伴随一声缓慢而轻蔑的咆哮
正如一直以来
你盼望的那样。

---

[1] 塞赫麦特（Sekhmet）是埃及神话中的战争女神和医疗女神，形象为母狮或狮首人身。

之后，或许，我已不知晓，

利爪在你的胸中

满足着你。

3

我永远不会知道你的舌头为什么进了我的嘴

当我们在你的宾馆告别

在一趟友好的城市漫步之后

在一次精准的距离调节之后。

有一刻我认为你和我定下

一道未来之约

开启一片无人之地，一段权力空白期

你细致的苔藓可以触及。

身周环绕女友的你吻了我，

我是例外，是怪物，

你是喃喃的女僭越者。

谁知道你吻了谁，

你与谁告了别，

我是仅仅一瞬间的幸福的代理者

那有时在你涎液中找到

南方天空下忍冬的
短暂滋味的人。

4

今夜我愿做特伊西亚斯
在面朝下的缓慢等待里
接待你，在你的鞭子下
你温暖的水母下呻吟。

知道这正是
反复变形的时刻，
知道降至泡沫漩涡时
你将哭泣着敞开，
被甜蜜地穿透。

之后再回到
你步兵方阵的专横国度，
回到你皮肤，你湿润章鱼的包围之下，
直到我们一道匍匐前行，拥抱着抵达
梦的沙滩。

但我不是特伊西亚斯，

只是那独角兽
寻找你手中的水
而在唇间找到
一把盐。

5

我不会用更多的诗让你烦厌。
这样说吧，我对你说过
云彩，剪刀，六角风筝，铅笔，
或许某一次
你曾微笑过。

——选自《除却黄昏》

散文

回到塞隆尼斯·孟克的琴边

1966年3月，日内瓦塞隆尼斯·孟克四重奏音乐会

在日内瓦，白天有联合国办事处，但到了晚上总得生活，于是突然之间，到处都贴起了塞隆尼斯·孟克[1]和查尔斯·劳斯[2]的海报，很能理解为了买一张中间第五排的票匆匆赶去维多利亚大厅，在转角酒吧畅快痛饮，欢乐的蚂蚁们，永无止境地停在19点30分、20点、20点04分的21点钟，第三杯威士忌，提议吃芝士火锅的克劳德·塔尔诺[3]，面面相觑但之后却吃了大半锅，特别是吃了芝士火锅最后精华部分的他和我的妻子，在杯中晃着小爪的白葡萄酒，被甩在背后的世界，犹如一枚彗星、仿佛《太阳系历险记》里那般五分钟后准时带走一块土地——至少是一块有着加尔文雕塑和江诗丹顿精密手表的日内瓦土地——的塞隆尼斯。

---

[1] 塞隆尼斯·孟克（Thelonius Monk, 1917–1982），美国爵士乐钢琴家、作曲家，擅长即兴表演，演出至尽兴时常常离开琴凳，跳起熊一般的旋转舞。科塔萨尔在本文中多次以“熊”来比喻他。

[2] 查尔斯·劳斯（Charles Rouse, 1924–1988），美国硬博普乐长笛手、萨克斯风手，与塞隆尼斯·孟克合作十余年。

[3] 克劳德·塔尔诺（Claude Tarnaud, 1922–1991），法国诗人、画家，科塔萨尔的友人。

现在灯光熄灭，我们望向彼此的目光里仍带着那种离别的战栗，它总在音乐会的开始压倒我们（我们将越过一条河，将会有另一种时间，银币已经备好），低音提琴手已经举起提琴试音，鼓刷扫过定音鼓的节奏犹如一阵冷颤，一只熊从尽头走出，戴着一顶介乎土耳其毯帽和小瓜帽之间的礼帽，它毫无必要地绕行一圈，然后走向钢琴，一只脚放在另一只后头，谨慎程度让人想到废弃矿场或萨珊暴君的花园，花园里每一朵被踩坏的花都是一次园丁缓慢的死亡。塞隆尼斯在琴边坐下时，整个大厅都跟着他一起坐下，所有人窃窃私语，正似松了一口气，因为塞隆尼斯沿切线跑过舞台的样子有些像腓尼基人危险的沿岸航行，有搁浅在沙地里的风险，而当载着黑蜜的船和大胡子船长到达港口，维多利亚大厅的共济会码头便以一声叹息迎接他们，仿佛翅膀歇息，破浪船头完成使命。接着便是《潘诺尼卡》[1]，或者《蓝调孟克》，三个麦穗般的影子围着搜索键盘蜂巢的熊，它粗鲁又善良的爪子在乱糟糟的六角形声音蜜蜂之间来来去去，只过了一分钟，我们就已进入时间之外的夜晚，塞隆尼斯·孟克原始而精美的夜晚。但它无法解释：一朵玫瑰是一朵玫瑰是一朵玫瑰。正在休战，有人调解，或许我们能在某片天空得救。然后，查尔斯·劳斯向麦克风迈出一步，他的萨克斯风威严地勾勒出他身处此地的缘由，与此同时，塞隆尼斯垂下双手，倾听片刻，左手落下一道轻轻的和弦，那头熊摇晃着起身，要么是厌倦了蜜，要么是想找一块宜于

[1]《潘诺尼卡》（*Pannonica*）和《蓝调孟克》（*Blue Monk*）均为塞隆尼斯·孟克创作的曲目。

昏睡的苔藓地，它离开了凳子，靠在钢琴边缘，用礼帽和一只鞋子打着节拍，手指滑过钢琴，先朝向键盘边缘——键盘的位置本可以摆着一个烟灰缸，一杯啤酒，但却只有一台施坦威——随后又沿琴身边缘几不可见地做手指的远征，熊有节奏地摇摆着，因为劳斯、低音提琴手和打击乐手都深陷在他们三位一体的神秘中，而塞隆尼斯正一动不动地进行着眩晕的旅行，他一厘米一厘米地朝琴尾移动，却并不会抵达琴尾，人们都知道他不会抵达，因为要抵达那里，需要比菲利斯·福格[1]更多的时间，更多疾速的冰帆，由枞树蜜、大象和火车构成，为了弥合破碎甲板上的深渊，它们被速度变得坚硬，如此塞隆尼斯以他的方式旅行，以一只脚支撑，之后又换一只脚，并未离开原地，在他搁浅在剧院里的“裴廓德号”[2]甲板上摇头晃脑，时不时移动手指，跨过一厘米或一千海里，又安静下来，状似谨慎地用烟雾的六分仪测量高度，拒绝继续前进，拒绝抵达琴身尽头，直到手离开边缘，熊缓缓转身，那一刻一切皆有可能，他缺乏支撑，如一只翠鸟漂浮在节奏之上，而在节奏之中，查尔斯·劳斯涂下最后几笔热烈漫长令人心折的紫色与红色，我们感到离开钢琴边缘的塞隆尼斯的空虚，一颗泵着我们所有人的鲜血的无垠心脏没有止境的舒张，就在那时，他的另一只手放上钢琴，熊亲切可爱地摇晃，踩着一朵朵云回到键盘边，仿佛初见般瞧着它，手指犹疑不决地行过空中，然后落下，于是

---

[1] 菲利斯·福格（Phileas Fogg）是法国作家儒勒·凡尔纳小说《八十天环游地球》的主人公。收录本文的散文集《八十世界环绕一天》的题目也是对《八十天环游地球》的戏仿。

[2] “裴廓德号”（Pequod）是美国小说家赫尔曼·梅尔维尔小说《白鲸记》中追捕大白鲸的捕鲸船。

我们得到拯救，塞隆尼斯船长来了，一时间有了航向，而劳斯从支架上取下萨克斯风，向后倒退的姿态好似交付权力，仿佛教皇使节将威尼斯的钥匙还给总督。

——选自《八十世界环绕一天》

桂图登字：20-2021-271

图书在版编目（CIP）数据

科塔萨尔：我们共同的国度 /（乌拉圭）克里斯蒂娜·佩里·罗西著；黄韵颐译. -- 桂林：漓江出版社，2023.2

ISBN 978-7-5407-9357-9

Ⅰ. ①科… Ⅱ. ①克… ②黄… Ⅲ. ①胡里奥·科塔萨尔－传记 Ⅳ. ①K837.835.6

中国版本图书馆CIP数据核字(2022)第243458号

科塔萨尔：我们共同的国度

KETASAER : WOMEN GONGTONG DE GUODU

作　　者：[乌拉圭] 克里斯蒂娜·佩里·罗西
译　　者：黄韵颐

出 版 人：刘迪才
品牌监制：彭毅文
选题顾问：汪天艾 / 范　晔
责任编辑：彭毅文
助理编辑：张心宇
书籍设计：余　音
责任监印：陈娅妮

出　　版：漓江出版社有限公司
社　　址：广西桂林市南环路22号
邮政编码：541002
邮购热线：0773-2582200
网　　址：www.lijiangbooks.com
微信公众号：lijiangpress

发　　行：北京联合天畅文化传播有限公司
发行电话：010-64258472

印　　制：北京盛通印刷股份有限公司
开　　本：880 mm×1230 mm　1/32
印　　张：4.25
字　　数：79千字
版　　次：2023年6月第1版
印　　次：2023年6月第1次印刷
书　　号：ISBN　978-7-5407-9357-9
定　　价：35.00元

胭+砚
project

胭砚计划:

《科塔萨尔:我们共同的国度》,[乌拉圭]克里斯蒂娜·佩里·罗西著,黄韵颐译
《少年世界史·近代》,陆大鹏著
《少年世界史·古代》,陆大鹏著
《男孩的心与身——13岁之前你要知道的事情》,[日]山形照惠著,张传宇译
《噢,孩子们——千禧一代家庭史》,王洪喆主编
《同盟的真相:美国如何秘密统治日本》,[日]矢部宏治著,沙青青译
《回放》,叶三著
《大欢喜:论语章句评唱》,李永晶著
《多情的不安》,[智利]特蕾莎·威尔姆斯·蒙特著,李佳钟译
《在大理石的沉默中》,[智利]特蕾莎·威尔姆斯·蒙特著,李佳钟译
《〈李白〉及其他诗歌》,[墨]何塞·胡安·塔布拉达著,张礼骏译
《珠唾集》,[西]拉蒙·戈麦斯·德拉·塞尔纳著,范晔译
《雪岭逐鹿:爱尔兰传奇》,邱方哲著
《青春燃烧:日本动漫与战后左翼运动》,徐靖著
《自我的幻觉术》,汪天艾著
《阿尔塔索尔》,[智利]比森特·维多夫罗著,李佳钟译
《海东五百年:朝鲜王朝(1392-1910)兴衰史》,丁晨楠著
《昭和风,平成雨:当代日本的过去与现在》,沙青青著
《送你一颗子弹》,刘瑜著
《平成史讲义》,[日]吉见俊哉编著,奚伶译
《平成史》,[日]保阪正康著,黄立俊译
《看得见的与看不见的》,[法]弗雷德里克·巴斯夏著,于海燕译
《群山自黄金》,[阿根廷]莱奥波尔多·卢贡内斯著,张礼骏译
《诗人的迟缓》,范晔著
《亲爱的老爱尔兰》,邱方哲著
《故事新编》,刘以鬯著
《国家根本与皇帝世仆——清代旗人的法律地位》,鹿智钧著
《父母等恩:〈孝慈录〉与明代母服的理念及其实践》,萧琪著
《说吧,医生1》,吕洛衿著
《说吧,医生2》,吕洛衿著
《摩登中华:从帝国到民国》,贾葭著
《一茶,猫与四季》,[日]小林一茶著,吴菲译
《暴走军国:近代日本的战争记忆》,沙青青著
《天命与剑:帝制时代的合法性焦虑》,张明扬著
《古寺巡礼》,[日]和辻哲郎著,谭仁岸译
《造物》,[日]平凡社编,何晓毅译

se le puede corregir, a uno mayor, no
buenas ideas hay en los escritores menores
era mortal, y prefería recordarlo vivo, e
mente joven (bromeábamos, a veces,
tos fracasos aprovechables; a un
emos tanto a Julio
fui al entierro de Julio Cortázar. No estoy en la foto.
sano, viajero, a veces un poco melancólico (la literatura es
convencido), sano, viajero, a veces un poco melancólico
de Julio Cortázar. No est
No fui al entierro
no. Queremos tanto a Julio. No fui al en
de Barcelona, en una servilleta en la cafetería La Puñalada, de Barcelon
e melancólicos: hice esa anota
Aborrezco la muerte y los ritos funerarios. Había otr
su aspecto juvenil, como Dorian Gray.
crépito y asqueroso, decías, sonrien
Julio, habíamos recordado juntos aquellos versos de César Vallejo: Me moriré en París c
mortal, y prefería recordarlo vivo, enteramente joven (brom mos, a veces, sobre su aspecto juvenil, como Dorian Gray.
que yo no me voy a despertar un día convertido en un anciano decrép
Sólo que yo no me voy a despertar un día convertido en un anciano
Cuántas veces, Julio, habíamos recordado juntos
ero, un día del cual tengo ya el recuerdo. No quise
juntos aquellos versos de César Vallejo: Me moriré en París con aguacero, un día del cual tengo ya el recuerdo. No quise compartir la dudosa co
vientes. Aborrezco la muerte y los ritos
numerosas fotos que se hicieron después de su muerte, una lluviosa mañana de febrero de 1984. Cuántas veces,
Me moriré en París con ag
de los precariamente vivos, de los su
No estoy en la foto.
de Julio Cortázar. No estoy en la foto.
o quise compartir la dudosa complicidad de los precariamente vivos, de los supervivientes.
tir la dudosa complicidad de los prec
asqueroso, decías, sonriente y conven
Cuántas veces, Julio, habíamos recordado juntos aquellos versos de César V
rezco la muerte y l
mañana de febrero de
mente vivos

oy en la foto. En las numerosas fotos que se hicieron después de su muerte una lluviosa mañana

lona?Me gusta

menores que los mayores, Cristina, porque un gran escritor, un

…espeare, un Cervantes,

en una calle de París o de

…co a las seis de la tarde de otoño, en una calle de París o de Barcelona?Me gustan más los

…spondió, debajo, y me devolvió la servilleta: ¿Quién no es un poco melancólico a las seis de la tarde de otoño,

y me devolvió la servilleta: ¿Quién no es un poco mel…

las seis de la tarde de otoño, en una calle de París o de Barcelona?Me gustan m…

…alle de París o de Barcelona?Me gustan más los

a razón profunda: me negaba a aceptar que Ju…

…mpre se le puede…

Queremos tanto a Julio. No fui al entierro de Julio C… …ar. No estoy en la foto. En las numerosas fotos que se hicieron después de su muerte, una llu…

…brero de 1984. Cuántas veces, Ju… …habíamos recordado

…critor men… …menor siempre se le puede corregir, a uno mayor, no.

…uántos frac…sos aprovechables; a un e…

…escritores menores que los mayores, Cristina, porque un gran escritor, un Shakespeare, un Cervantes…

…s escritores llamados menores que l…

…vivos, de…

complicidad de los precaria…

(la literatura e… melancólico (la literatura e… a veces un poco melancólico (la literat…

…. En cambio, cuántas buenas ideas hay en los escritores meno… …uántos fracasos aprovechables; a un e…

Y convencido), sano, viajero, a veces un poco melancólico (la literat…

…ado, de Barcelona. Respondió, de…

…répito y asqueroso, decías, sonriente y convencido), sano, viajero, a veces un poco melancó…

…inspiran: están ahí, perfectos, sólo se les puede admirar. En cambio, cuántas buenas i…

…puñalada, de Barcelona.

…ra mortal, y prefería recordarlo vivo, enteramente joven (…

hice esa anotación en una servilleta en la cafeter…

como Dorian Gray. Sólo que yo no me v…

…ceptar que Ju…

…cólicos: …despertar un día convertido en un anciano…

…es cosa d…

…e compartir la dudosa compli…